ごみ屋敷ワンダーランド

清掃員が出会ったワケあり住人たち

柴田賢佑

白夜書房

はじめに

それまでの人生で正真正銘、見たことのない光景が広がっていた。場所は郊外のとあるマンションの一室だ。

玄関のドアを開けたらごみ……？

肩の高さまでごみがある……？

目を逸らすことができなかった。

「柴田さんは、外で待っていてください」とグイッと防塵マスクを口にあてがい、防護服を着た作業員が躊躇せず中に入っていった。

すごい。かっこいい。

それが正直な感想だった。

事の始まりは一週間前。

はじめに

「知り合いがバイトに来てくれる人を探してるみたい」

結婚してまもない嫁がそう言ってきたのがきっかけだ。その頃僕は、芸人と複数のバイトを掛け持ちして心身共に限界ギリギリだった。

上京し太田プロダクションの養成所に入り、そのまま売れることなく九年が過ぎていた。事務所からもらえた仕事のほとんどは、テレビ番組で本番の前にクイズの難易度を試したり、演者の名前のボードを首から下げて立ち位置などを調整したりする、ダミーと言われる仕事。言われた通りに動き、ボケてもいけない。

文字通り、ダミーだ。

そんな芸能活動とは言えない仕事が昼からあるので、夜勤バイトで日銭を稼ぐしかない。夜勤明けで寝ずにテレビ局にむかい、夕方帰って仮眠後に夜勤に行く毎日だった。

「いや、無理だよ。暇がないよ」と嫁に言うと、僕の稼ぎに不満だったのだろう、即座に「日曜日空いてるよね？」と返された。週7で働きながら家事もしっかりこなす精力的な嫁は、太陽エネルギーよりハイパワーで、僕はまぶしくて何も見えなくなった。

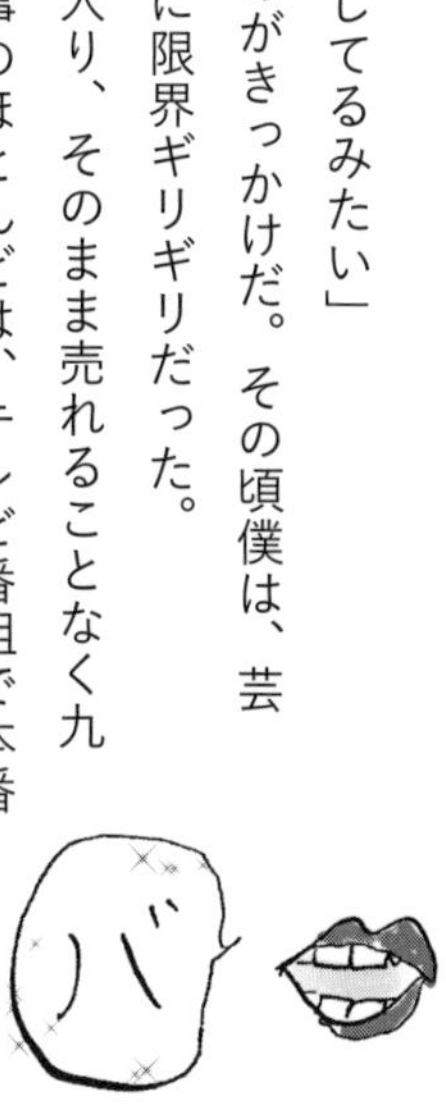

当時の僕の唯一の楽しみは、休みの日曜日にお酒を飲みながら見る『サザエさん』だった。『サザエさん』を見ていると「マスオさんも波平さんも頑張ってるじゃん」と励みになっていた。

この磯野家すら僕から取り上げるのか、と涙が出そうになったが、結婚生活を守るべく、嫁の知り合いのバイトに行くことにした。

「動きやすい服装に、持ち物はタオルに着替え」「朝八時半にここに来てください」とだけ聞いて、現場に向かう足が重い。夜勤明け、三十一歳おじさん、猛暑、芸人と知られた上で会う初めての人々。考えるだけで疲れていた。

うだうだ歩いて指定された郊外のマンション前に着くとトラックが停まっていて、そこに嫁の知人と思われる防護服を着た高身長のイケメンがいた。

「おはようございます。初めまして！　今日はよろしくお願いします」とイケメン社員は爽やかな笑顔を残して準備に戻っていった。彼を含め、作業員は五名いる。

なぜみんな防護服を着ているんだろうと思いながら案内されて、マンションのとある部屋の前に行くと、社員の一人が玄関の扉を開けた。それが冒頭の光景につながる。

防護服を着た作業員が手際良く片づけていく中、僕はただ見ているだけ。あっけに取られているうちに、ごみの山はどんどんなくなる。あっという間に玄関からリビングまでが片づけられていた。

「ふー」とゴーグルを取り、マスクを下げながら作業員たちが出てきた。

「お疲れ様です！」と声を掛ける僕は、完全に高校の部活ですごい試合をした三年生に対する一年生そのものだった。

「こんなふうになりたい」と思ったことをはっきりと覚えている。

その日は、運搬補助をしただけでほぼ何もできずに終わり、「お疲れ様でした。また次があったら是非お願いします！」と言ったのは僕の方だった。

興奮冷めやらぬ帰り道は、夕日が眩しかったことくらいしか記憶にない。帰宅して泥のように眠った。

それ以降、手伝いにちょこちょこ行かせてもらうようになった。楽しくてしょうがなかった。社員全員人が良くて、冗談好き。居心地が良いなと勝手に感じていた。

徐々にそれまでの夜勤バイトを辞めて、片づけバイトを増やしていって今にいたる。気づくと八年経った。新しい僕の「磯野家」ができたと思っている。

＊＊＊

勤務するこの会社は、ごみ屋敷清掃だけではなく、遺品整理や生前整理、買取やリユース、引っ越し作業など手広くやっているので、知らないことに触れる機会が多く、毎日刺激があった。

僕もごみの分別を覚え、ごみ屋敷清掃で先陣を

はじめに

任せてもらえるようになった。場数を踏み、スピードも上がり社員とも遜色なく作業できるようになった頃、気づいたことがあった。

「このごみ屋敷、以前片づけたごみ屋敷に似ているな」

なぜこんなに似ているんだろうと疑問に思い分析してみると、片づけてきたごみ屋敷を七つにざっくり分けることができた。

おしっこが入れられたペットボトル「尿ペ」（ションペとも言われている）が無数に出てくる尿ペ屋敷に、とにかくエロいエロ屋敷、書類や本が山積みで居住スペースが紙に支配された紙屋敷、生ごみだらけでキッチンがドロドロのヘドロのようなものにまみれ、腐臭がとてつもない生ごみ屋敷、多頭飼育崩壊やネグレクトで荒廃した犬猫屋敷、弁当がらやペットボトルなどコンビニで食事を済ませた時のごみが積み上がった弁当がら屋敷。そして、ごみではなく住人の所有物が溢れかえっている物屋敷だ。

これらの分類同士を掛け合わせたハイブリッドも多く、生ごみ屋敷×犬猫屋敷なども存在する。

この分類をしてみたら、点と点が線になったことがある。

分類されたごみ屋敷にはそれぞれ住人にも特徴と傾向があるのだ。例えば、弁当がら屋敷は、若い人から老人まで年齢層は幅広いものの、独り身の男性によく見られることや、その原因も離婚や配偶者との死別がきっかけになったなど共通点が多い。僕はこの七つの分類がごみ屋敷解決のヒントになるのではないか、とも思っている。

ただ、分類できたとしても、同じごみ屋敷は二つとない。一見同じように荒れたごみ屋敷と映るが出てくる物は全然違う。

今回紹介するごみ屋敷も、唯一無二のごみ屋敷ばかりだ。そして、住人たちも、それぞれひとくくりにできないエピソードの持ち主だ。

一つ言えるのは、ごみ屋敷は住人の「今の姿」なんだということ。その住人自身の特質というよりは、様々な理由やきっかけがあって、ごみ屋敷化してしまったんだと、ごみの山から出てくる物で気づかされる。

だから、「私はごみ屋敷にするような人間なんだ」と自分を卑下するより、「今の私はごみ屋敷になるような状況なんだ」と気づいてほしいなと思い始めた。

はじめに

ごみ屋敷と聞いた時、人は嫌悪感を持ったり暗い気持ちになったり、切なくなったりと三者三様だと思う。自分の家や実家を思い浮かべた人もいるかもしれない。この本を読んで、少しでも前向きな感情が生まれたらいいなあと願っている。

はじめに……2

1 謎深まる尿ペ屋敷……13
破裂寸前のリビング／弧を描いてほとばしる尿／まさかの差し入れ／地獄の尿ペ開封ノック
あるごみ屋敷で❶……24／ごみ屋敷分析❶……25／あるごみ屋敷で❷……26

2 絶倫エロ屋敷……27
ごみはエロ遍歴を表す／DVD付きのエロ本五百冊／ソファを埋める使用済みティッシュ／ベッドルームが綺麗なわけは…
あるごみ屋敷で❸……37／ごみ屋敷分析❷……38

3 人も埋もれる紙屋敷……39
川端康成似の住人／居間は本の洞窟／捨てられない本たち／頭の中では整理整頓／エレベーターなし五階／教え子の作文は要らない物!?

あるごみ屋敷で❹……52

4 せつない生ごみ屋敷……53
食べ物の成れの果て／大量の使用済みオムツが／ゴキブリの楽園／梅酒は「漬けたいから飲む」もの!?／まずは連絡を取り合って
あるごみ屋敷で❺……67／あるごみ屋敷で❻……68

5 怒りの猫屋敷……69

紫色のモヤが充満／真夏の密室で糞尿まみれ／糞古墳マッドマックス／「あぁー、死にますかね？」

あるごみ屋敷で❼……83／ごみ屋敷分析❸……84

6 明日は我が身の弁当がら屋敷……85

容器は捨てないが汁は律儀に完飲／バイトとゲームの日々で／「頑張りすぎないでください」／まさか自分が…

あるごみ屋敷で❽……96／ごみ屋敷分析❹……97／あるごみ屋敷で❾……98

7 ヤバイ同僚と虫屋敷……99

薄暗い室内／何千匹もの謎の虫／叫び走り回る作業員

あるごみ屋敷で❿……110

8 思い出いっぱい物屋敷……111

要る？　要らない？　謎の相談相手／判断できない「物」／終わらないアルバム／大量のビニール袋inビニール袋／再燃するアルバム問題／分厚いお心づけは…

あるごみ屋敷で⓫……130／あるごみ屋敷で⓬……131／あるごみ屋敷で⓭……132

9 葛藤する腐乱現場屋敷……133
知らされないまま…／床が黒い海／生前の住人を感じるもの／慣れることはない
あるごみ屋敷で⑭……144

10 それはガラクタ？ 機材屋敷……145
壁一面を埋めるオーディオ機器／〝実家の天ぷら鍋〟はスクラップ？／驚異の落札価格
あるごみ屋敷で⑮……156

11 捨てないごみ屋敷……157
アパートの敷地を埋めつくすごみ／ゴキブリを梱包／隣人からの激励／突然隣にごみ屋敷が誕生したら…
あるごみ屋敷で⑯……169／ある屋敷で……170

12 再スタートの酒屋敷……171
段ボールの城と鯨／酒、酒、酒、酒／むき出しの注射針／縮まる心の距離／「捨てます」

おわりに……187

1

謎深まる尿ぺ屋敷

皆様は「尿ペ」と呼ばれる現代の謎をご存知だろうか。

「ションペ」と呼ぶ業者もいるが、うちでは「尿ペ」と呼んでいる。

尿ペとは、読んで字の如く、……と言っていいのかわからないが、尿が入っているペットボトルのことを指す。

これは僕史上最大の尿ペ屋敷を片づけた時の話。


前日に、社員から珍しく、「明日は完全防備でお願いします」と連絡が来た。

怖い。

うちの会社は僕のリアクションが好きらしく、前日にスケジュールを教えず、当日サプライズ的に現場を発表することが多々あるのだ。そんな社員が事前に教えてくれるなんて、よほどの案件なのか。緊張が走った。

当日、現場までの行きのトラック内でも「覚悟しておいてください」と言われた。

ははぁん。

ここまで言うとは、さては逆だな。逆サプライズだ! ヤバイと思わせておいての、蓋を開けたら大したことないみたいな話だなとピンと来た。

現場に到着すると、トラックの周りにいる五人全員が、防護服にゴム手袋、防塵マスク、長靴を装着していた。
……ははぁん。

「本当にヤバイんだな」と納得した。冗談にできないほどか。

破裂寸前のリビング

現場の前で、依頼して来た不動産屋と思しき人物と話している社員。

完全防備を終えて現場に向かう一同に、不動産屋らしき人物が、「よろしくっす！」とニコニコ明るく話しかけてきた。

少しラフだが、こういう一言が意外に嬉しいものだ。

今回の現場は、アパートの一階の１ＬＤＫ。ただし、十畳のリビングだけ作業するとのこと。玄関、廊下もごみが積もっていて入れないため、リビングの窓から入って作業することになった。一階だからできる戦法だ。

建物の横を通って庭に出る。庭からリビングの窓を見て愕然とした。

部屋の中のごみで押されて、カーテンが窓にピタピタに貼りついている。横から見ると、窓が膨らんでいるのがわかる。透明の箱の中で、今にも破裂しそうな風船状態になっていた。窓ガラスはいつ割れてもおかしくない。

鍵は開いているとのことで、スライドさせようとするが、まったく開かない。窓を外すことになった。ごみが雪崩を起こすことを予想して、全員三歩ほど下がる。

社員が窓を上に持ち上げ、後ろに引いて外した。

後衛にいた僕は、「すぐ逃げて！　窓外したらすぐ逃げて！」と心の中で叫ぶ。

……。

あれ？　雪崩が起きない。ごみがピタッと窓際で固まっている。

これは、相当年月が経っている証だ。ごみが何層にも、地層のように積み上がっている。時間が経てば経つほど、ごみの状態は劣化し臭いもキツくなる。固まっているということはそれが確定した証拠。

「雪崩れろよ……」と、全員も固まった。

そして、その層となったごみの中にちりばめられて挟まっている、ある物が目に入った。作業員全員が瞬時に理解し、ごみの山に背を向け天を仰ぐ。

そう、「尿ペ」だ。

尿ペが、たっぷりレーズンパンのレーズンくらいの割合でちりばめられている。これにはさすがに、冗談好きの社員も口をつぐんでいる。

しかし、もう蓋は開いてしまったのだ。やるしかない。

ごみの方に振り向き、屈伸を一つして作業開始。

弧を描いてほとばしる尿

頭の上まで積もっているごみを上から崩していく。

ベースは弁当がら。その中にエロ本、酒瓶、服、生ごみ、尿ペが定期的に出てくる。ごみ屋敷の総合商社となっていた。最強レベルのごみ屋敷だ。

底知れないごみ屋敷を前にひるんでいたが、こっちも完全防備で戦う準備はできている。全員がペースを上げる。

と、社員が尿ペを持ち上げた瞬間、日光で劣化したペットボトルの蓋が砕けた。

「あっ！！！」

ペースを上げていたのが仇となって、振り上げた手を止められない。そのままペットボトルに入っていた尿が飛び出し、弧を描いてその社員を包んだ。

全員が彼を見つめる。

野球漫画で敵にホームランを打たれた瞬間の、チームメイト全員の「あっ」顔のどアップのコマを想像してほしい。次の見開きページには、弧を描いた尿を浴びる社員の姿だ。

「大丈夫ですか？」と言う間もなく、防塵マスク越しでも鼻に突き刺さるとんでもない激臭。アンモニア臭に苦味を混ぜたような臭い。

頭から浴びた社員が慌てて防護服を脱ごうとしている。うちで使っている防護服は、防塵性は高いが、防水性はそこまでない。防護服の下は自前の服なので、染み込んだら終わりだ。

まさかの差し入れ

自前の服は無事だったようだが、社員は完全に意気消沈してしまった。

ここは行くしかないと僕も前衛に行き、作業を進める。

こういったごみ屋敷は前衛と後衛に分かれることが多い。前衛は、分別しながらごみをかき分け進んでいく。後衛は、ごみ袋を広げたり、分別に使う段ボールを用意したりするなどのサポート役を担う。

尿ペはそのまま捨てることはできない。後で中身をトイレに流すため、尿ペだけを分けておく。

前衛に入った僕は、やられた社員の仇を取るように躍起になっていた。強いメンタルとフィジカルを見せ、ごみの中をズイズイ進んでいく。

一心不乱に進んでいくと、ある時から、「可燃ごみ中心に掘ろう」と思うだけで可燃ごみが浮かび上がり、手が可燃ごみを自動的に掴むようになっていた。いわゆる、「分別ゾーン」に入ったのだ。僕はゾーンに入ることがたまにある。

社員に「ゾーンに入りました！」と伝えると、一瞥もくれずに「そうですか」と返された。

ゾーンに入っているうちに、行けるところまで行くぞと分け進んでいると、窓の外から「お疲れ様でーす」と声を掛けられた。朝の〝不動産屋〟が差し入れを持ってきてくれたようだ。全員、休憩がてら外に出ることにした。

「お疲れ様です！　これ良かったら」と、ペットボトルの濃いタイプの緑茶を全員分頂いた。

お気づきの方もいるかもしれないが、尿ぺの見た目はほぼ濃いタイプの緑茶だ。ここで緑茶をゴクゴク飲めるようなタフなヤツは、そういない。

「ありがとうございます」とお礼を言いながら、誰も手をつけることなくトラックにしまいこんだ。

〝不動産屋〟は、「よろしくお願いしますね！」とスーツの上着をファサッと肩にかけ、爽やかに帰って行った。

朝、その男性と打ち合わせをしていた社員に、「今の不動産屋さんからの依頼なんですか」と聞くと、「今のが住人だよ」と返された。

住人？

誰が？

今の人？　不動産屋みたいな人？

「嘘だ‼」と心の中ではなく、口に出していた。

スーツもきっちり着ていて、髪もきっちりセットしていた。まったく「そう」は見えないのだ。

だとすると、緑茶の差し入れも疑問が出てくる。わざわざ緑茶⁉　自分の尿ぺが緑茶みたいだなとわかってるはずなのに、なぜ⁉

そして、朝の「よろしくっす！」もモヤモヤしてくる。こんなに明るく自分の尿ペの片づけをお願いする人も珍しい。

現場が動揺している。

しかし、休憩は終わる。作業を進めなければならない。

尿ペ屋敷の難点の一つに、「尿の出元と会うとなんか進まなくなる」というのがある。尿ペを作った張本人を目の当たりにすると、常に顔がチラつくのだ。

あの爽やかな人が……。僕のゾーンは完全に解けた。

作業を再開するも、半分まで進むのに三時間はかかった。この時点で尿ペは二百本以上出てきている。二百個のあの爽やかな顔が並んでいる。

爽やか尿ペ顔を振り払い、さらに掘っていくとベッドが出てきた。ベッドの周りはほぼ尿ペで囲まれている。作業自体は分別していくだけなので早いのだが、後が思いやられる……。

リビングの作業がすべて終わった頃には夕方になっていた。

十畳のリビングのごみだけで、二トンロングトラック四台分。何より、尿ペが五百本強出てきた。現場のトイレで流す時間がない……、どうする？

苦渋の決断を社員が下す。

「一旦持って帰ります」

……全員が頭を抱えた。

現場での作業は終了となった。

不動産屋風スーツ住人が再び現れた。「いやぁ、大変でしたね！　ありがとうございます。今度は別の部屋をお願いしようかな！　ハハッ！」と、爽やかに僕ら全員の顔を見渡しながら言ってきたので、顔を伏せながら「是非！」と答えるのがやっとだった。

地獄の尿ペ開封ノック

僕たちは帰社後、倉庫に計五百本の尿ペを運んだ。

後日、倉庫のトイレで地獄の尿ペ流し五百本ノックが始まる。尿ペは時間が経つと中で劣化が進み、蓋がかなり開きにくくなる。

力任せに開けると、スプレー状の尿がプシュ！　と炭酸のように飛び出てくる。

ペットボトルと蓋の間から紫色の煙が出て来て、渦を巻きながら上がり、僕の目の前で悪魔となって大きな口を開けてウハウハと笑っている（完全に僕の個人的なイメージ）。

住人はいないので、存分に「おえぇ!!」とえずけることだけが救いだ。

尿ペを流している僕を見た社員曰く、五十本を超えたあたりで僕の白目と黒目の境目がなくなり、ほぼ白目になっていたらしい（彼の個人的なイメージ）。

二百五十本で他のバイトとバトンタッチ。

五百本すべての開封作業を終える頃には鼻がなくなっていた（僕の個人的なイメージ、ね）。

どんな人が尿をペットボトルに入れるかは誰にもわからない。

今回の現場で、尿ペの闇深さを知った。

ベッド下の引き出し収納に、尿ペが綺麗に陳列されていた。

あるごみ屋敷で❶

ごみ屋敷分析 ❶

**ごみの山を掘って行くと、
ごみ箱が出て来ることがあるが、
大体空っぽ。**

引っ越しも兼ねた依頼で、
冷蔵庫の中身を梱包していて
「生卵は割れやすいので
段ボールには入れられません」と伝えると、
住人は鍋にお湯を沸かしすべての卵をゆで卵にした。
一つ食べながら「はい」と卵を手渡して来た。

オレはな.
ゴミはムダにしても
卵はムダに
したくないんだ…
アリガトウ
ゴザイマス。

あるごみ屋敷で❷

2

絶倫エロ屋敷

「エロ」。それは人間における三大欲求の一つ。誰しも大なり小なり持っている性欲。それをどうにか制している人がほとんどだと思う。

しかし、この大きな欲望に生活を奪われる人もいる。この間片づけた、「エロ」に食われたごみ屋敷の話をしたい。


現場に向かうトラックにて。

「今日はごみ屋敷です」

恒例の、当日ごみ屋敷発表サプライズ。

「うわぁー」

ずるずるとシートから崩れ落ちるリアクションを取り、「何系ですか?」と聞くと、「弁当がら屋敷です」と社員が言った。

「弁当がらですか、まぁまぁまぁ!」と、弁当がらがメインのごみ屋敷は比較的ライトな方なので、一安心しつつ現場に到着。

その現場は郊外の1LDKのアパート。

住人である四十代くらいの男性が社員と話した後、「作業が終わる頃に戻ってきます」と出かけて行った。

早速玄関の扉を開けると、夏場の弁当がら屋敷特有のモワッとしたジャンクフード臭と汗臭さが吹き出して来た。男臭いなぁと思いながら中に入ると、玄関には雑誌や弁当の空箱が散乱している。

あぁ、やはり弁当がら屋敷だなと思い、片づけ始める。雑誌はトレンド情報誌や少年漫画誌などが多い。堆積したごみの感じからすると、ごみ屋敷化してから二年くらいかなという印象。

玄関はサクッと終わり、リビングへ移動する。

リビングには膝くらいまでごみが積もっていた。玄関同様目につくのは、弁当がらと古雑誌だ。

掘り進めていくと、なんだか雑誌の種類が変化していくことに気づいた。写真ゴシップ誌に男性向け週刊誌、青年漫画誌など、少しアダルトな雑誌に変わってくる。

とは言え男性の一人暮らしではよく見る光景だと思っていたが、生活拠点であろうソファ近辺まで移動した途端、一変した。

雪崩を起こしている本の山。

「全部エロ本じゃん」

テレビ周りの大量のＤＶＤの海。

「全部AVじゃん」

ソファの周りを囲む、ティッシュのごみ。

「使用済みティッシュじゃん」

朝、「弁当がら屋敷です」と言った社員を見た。ニタニタと笑っている。

やられた！

「エロ屋敷じゃん！」

リビングの入り口以外、エロが膝まで積み上がっている。社員の言っていたことも間違いではない。実際に弁当がらもそこそこある。しかし、ごみの半分以上をエロが占めているのだから、エロ屋敷決定だ。

実際、エロ屋敷は、弁当がら屋敷と紙屋敷がコラボしていることも多い。エロ屋敷とは、ハイブリッドごみ屋敷なのだ。

ごみはエロ遍歴を表す

あーだこーだ言っても仕方ない。やるしかない。

使用済みティッシュは後回しにして、DVDの海から取り掛かることに。まさに海に例えられるほどの量だ。アダルトシーワールドと呼ぶと少し楽しげになる。

エロ屋敷の住人は三者三様、AVのジャンルも百人百様だ。ここの住人はどうやら「責められたい」方らしい。女捜査官に捕まって責められたり、何かしらの弱みを握られて女子高生三人に責められたりしていたみたいだ。

なるほどと思いながら、DVDの海にもぐっていくと、徐々にジャンルが変わっていく。

驚いた。

元々は「責めたい」人だったらしい。

女スパイを責めまくったり、借金を肩代わりする代償として責めまくったりしていたみたいだ。いつどこで何があって真逆の性癖になったんだ？　と思ったが、「SとMは表裏一体なんだ」と考えることで気持ちを落ち着かせた。

AVは売れるのでリユースできるが、エロ屋敷で出てくるDVDは、ケースにディスクを戻していることがほぼない。ディスクを探し出すのもひと苦労なのだ。

とりあえず、落ちているディスクを一箇所にまとめて後でケースと照らし合わせる「AV神経衰弱」をやらなければならない。

ほとんど同じような女捜査官や女スパイのパッケージなので、難易度はS級。時間がかかった。終わる頃には、女スパイのボンデージのちょっとしたデザインの違いで見分けられるようになっていた。

DVD付きのエロ本五百冊

次にエロ本の山に取り掛かる。

山になっているエロ本は、コンビニで売っているようなDVD付きのエロ本。オールジャンルのオムニバス系だ。

ここでの最大の問題は、この手のDVDはリユースには回せないのでごみになるのに対し、本は古紙としてリサイクルできるということだ。古紙にDVDが混ざってしまうと、リサイクルできなくなってしまうので、分別が必要になる。

この住人はDVDを大体取り出してはいるが、十冊に一冊くらいの確率で取り出していないものもある。こうなると、ガサっと一気に梱包できないので、一冊一冊確認しながら作業するしかない。

それをおおよそ五百冊やるのだ。

途方もない作業だが、やっていくうちに本を折り曲げるだけでDVDが入っているかどうか感触でわかるようになってくる。

エロ本ディスク分別無双に入った僕は早かった。五百冊以上を一時間で終わらせた。

ソファを埋める使用済みティッシュ

後は、残しておいた使用済みティッシュゾーンへ。ここでは、軍手の上からゴム手袋を装着。

使用済みティッシュとは何？　と首をひねる方もいると思うが、丁寧に言うと「一人でそういう行為をして、出た実を包んだティッシュ」だ。

そう、全部がそれだ。ソファの周りに山積みになっている。エロ屋敷ではたまに出くわすことがあるのだが、ここはかなりの量だ。ティッシュの中からソファの背もたれが頭を出している状態と言えば、伝わるだろうか。

使用済みティッシュは時間が経つとカチカチになる。なので、柔らかいティッシュがあると前日か当日に使用したものと推定できる。ここの場合は、二十個ほどの柔らかいティッシュを確認できた。ということは、この日住人が家を出たのが朝九時なので、前日に二十回自己処理を行ったことになる。

……タフすぎる。ほぼ一日中していたのか……。

使用済みティッシュが、筆舌に尽くしがたい絶倫を証明するエビデンスとなった。尊敬するレベルのエロさだ。

とはいえ、すべて燃えるごみなので、バァーッと袋に詰めていく。たまにTENGA（男性の自慰行為用の商品）が出てくる。地域によって処分方法が違うので該当する自治体のやり方で処理する。

……。改めて文字にして気づいたが、普通の仕事じゃないな！ 他人の使用済みティッシュや使用済みTENGAを片づける仕事。淡々と話すようなことじゃない。初めて使用済みティッシュを片づけた時は「なんなんですか、これ！ なんで捨てないんですか⁉ うわぁー！」と大騒ぎしたのを思い出した。

慣れるんだなぁ。

今では前述の通り「尊敬するレベルのエロさだ」と冷静に分析する始末。慣れすぎだ。しかし、慣れないとやっていけないのだ。

男性には自己処理後、途端に冷静になる「賢者タイム」があるのだが、この住人は、使用済みティッシュを捨てに行けないほどの、一般男性よりも長くて深い賢者タイムに入る「大賢者様」なんだと、自分に言い聞かすことができるようになっている。

いつの時代も、大賢者様には誰も何も言えまい。

大賢者自己催眠で使用済みティッシュゾーンも終え、リビングは終了した。

ベッドルームが綺麗なわけは…

残る一部屋の扉を開けると、割と綺麗に保たれたベッドルームだった。ベッドメイキングもしっかりしている。ここは綺麗にしてるんだなと片づけていると、デリバリーヘルスの名刺が束になって出て来た。

デリヘルを呼ぶために綺麗にしているのか！

性欲のために片づけることもできれば、性欲のためにごみ屋敷にもしてしまう。ここまで来ると、映画『メン・イン・ブラック』のように住人の顔がガチャガチャと開き、中から「エロ」が出てくるんじゃないかと心配になった。エロに乗っ取られたんじゃないかと。

ただ気になったのは、この部屋に来るまでに、あのリビングを通らないといけないということ。呼ばれたデリヘル嬢は今まで、どうしていたのだろう。

目隠しさせてベッドルームに誘導しているのか？

あ、たぶんそれだ。

捕まった女スパイ派遣デリヘルじゃないだろうか……。

うっかり僕までエロ妄想してしまい、この日の案件は終了した。

エロ屋敷は、ＡＶ、エロアニメ、エロ漫画、ＢＬ、２・５次元……、様々なスタイルがある。もちろん、女性のエロ屋敷もある。

性欲が具現化しているのがエロ屋敷。普通なら目にすることはないはずの他人の性欲に触れてしまえるのが、この仕事だ。

高齢の父親の家を片づけたいと
娘さんからの依頼。
「父は真面目すぎてつまらない人です」
と娘さんが仰ったが、
押し入れから
これでもかと言うほど大量の、
エッチなビデオとDVDが出て来た。

あるごみ屋敷で❸

ごみ屋敷分析❷

30年ものの
ごみ屋敷を片づけていると
よく出てくる本3選
『快楽天』
『デラべっぴん』
宮沢りえ写真集『サンタフェ』

3

人も埋もれる紙屋敷

情報や知識を、自分にインプットするための本。しかし逆に、その本に自分の生活が取り込まれていくことがある。

ごみ屋敷の中で比較的遭遇率の高いのが「紙屋敷」。本や書類などで部屋が埋め尽くされている家のことを指す。僕の経験上、作家や教師、弁護士など知識を必要とする職業の方に多い。

そんな紙屋敷のお話。

現地へ向かうトラックの中、恒例の現場内容当日発表会が始まった。

「柴田さん！　今日はなんと……」

どっちだ？　普通の家の片づけか、空き家か。手を合わせながら発表を待つ。

「紙屋敷です！」

「うわー！」とエンタメ用のリアクションを取りながらも、内心「紙屋敷ならまあそんなにしんどくないかな」と少し安心していた。

紙屋敷はなんといっても梱包が楽で、袋に詰め込んだ紙の重さだけが課題という、作業としてはそこまでレベルが高くないものだからだ。

大げさにリアクションしながらも安堵の表情を浮かべる僕を見て、社員が追加発表。

「柴田さん、しかも、階段五階です！」

「またまたー、冗談がうまい！　今どき五階建てでエレベーターがないわけないですよー！」

ノリノリで返すと、「いや、本当です！」と言われる。

「そうですか」とノンエンタメなリアクションをしてしまい、なぜか社員も一緒に暗くなって、僕ら二人は無言の時間を送った。

階段五階の紙屋敷はとんでもない。

現場から運び出してトラックに積む物の中で、袋詰めした紙の重さはトップクラスだ。それを持って五階建ての階段を何度も降りるなんて、想像するだけで手が痺れてくる。本当に手が痺れそうになったところで現場に到着した。

川端康成似の住人

現場は団地。「なるほど、五階建てでエレベーターなしだ」と納得した。

五階まで上がり、とある部屋のチャイムを鳴らす。ヒゲを生やした六十代と思しき川端康成似の男性が、書類や請求書と一緒に扉から出て来た。

この方が依頼主で、ここの住人だ。団地から引っ越すので本の整理と不用品の回収をしてほしいとの依頼だった。玄関には、請求書などの郵便物やチラシが膝上くらいに積もっていた。

早速作業に取り掛かろうと準備をしていると依頼主が、探している書類があるので一緒に探してほしいと言う。

それはまずい。

普通の家ならまだしも、この紙の量で一つひとつ見ていくには、時間が足りない。「時間大丈夫ですか?」と社員に尋ねると、「たぶん大丈夫。ここ三日現場だから」と言う。少しホッとしたが、三日で終わるのかも実に怪しい。

居間は本の洞窟

作業開始。まずは玄関の書類から。

書類をすべて段ボールに詰め、住人の居住スペースまで持っていき、要る・要らないの判別を行う。それを繰り返そうと思っていた。

しかし、段ボールを居間に持っていこうとするも、廊下の両側にぎっしりと本の詰まったお手製らしき本棚があるため、段ボールが通れない。仕方がないので、袋に詰め替えて居間に入った。

するとそこは、本の洞窟だった。

壁際全部がこれまた手作りの本棚だ。本がぎっしり詰まり、その本棚の前にも頭の高さまで積み上がった本が幾重にも連なっている。天井にも吊り棚が作られ、今にも落ちてきそうなほど本がパンパンに詰まっている。

洞窟を歩く時の歩き方で移動する。

本の洞窟を抜けると少し開けており、積み上がった本の山が中心に向かって階段状に崩れて低くなっていた。まるで火山噴火でできた巨大な凹地、カルデラのようだ。その本カルデラの真ん中で、住人が本でできた椅子に座っていた。

玄関から持って来た書類を、そこで組み立てた「要る物ボックス」「要らない物ボックス」に分けていく。

「ごめんなさいね。こんな酷い家ないでしょ?」と住人から言われた。

この質問はいつも悩む。

「いや全然酷くないですよ。もっとすごいところがありますから」と返したら、住人はこのままでいいかと安心してしまうかもしれないし、「すごいですね。ここまでのは初めてです」と答えたら傷つくかもしれない。もしかして、人によってはそれで喜ぶこともあるのかもとも思う。

この時僕は、「すごいですね。この量の本の内容が頭に入っていると考えると驚きです」と答えた。

「全部が全部、覚えているわけではないよ」と少し嬉しそうにしていたので、不正解ではなかったようだ。

書類を分け始めると、住人は全部に目を通すが、証券会社の書類以外は要らない物ボックスに入れていることに気づき、「証券会社の書類以外は、要らなそうですね」と必要そうな書類だけを住人に渡す方法に切り替えた。そうすると、小一時間で探していた書類を発見できた。「ありがとう」と言われたのが素直に嬉しかった。

捨てられない本たち

さて、次がメインイベント、本の仕分けだ。

引っ越し先は今よりも狭いため、部屋にある本棚四竿分しか本を持っていけない。見える範囲だけでも本の量は二千冊を優に超えている。聞くと住人は元教員で、様々な学術書や昔の教え子の作文などを手離すかどうかを迷っているようだ。

まずは搬出経路確保のため、本の洞窟から取り掛かる。ここには、小説が大量に収納されている。

住人は小説を一冊一冊手に取り、三十秒ほど悩み「要ります」と要る物ボックスに入れる。一時間ほど作業したが、表紙を見るだけで「これは名作だからな」「これは面白いよ」と、「要る」に分けたのは一二十冊ほど。段ボールにして四箱だ。一方、要らない本は十冊程度。

最初はただ見守っていたが、一向に減る気配はない。

「このままのペースだと三日で終われないと思います。それに、引っ越し先に入りきらないですね」と言うと、「そうだよね。溢れちゃうよね」と難しそうな顔をする。「表紙だけで内容を思い出せるくらい頭に入っているのであれば、表紙の写真を撮ってアルバムにしてみてはどうですか」。これなら時間も今よりは大幅に短縮できるだろう。よし、完璧な提案だ！

「いや、いいよ。面倒くさいし頑張るよ」と、住人はなぜか先ほどよりもペースアップした。面倒な提案をされるくらいなら頑張って仕分けようと思ったのだろうか。僕は「あ、あぁ、はい」と少し恥ずかしくなって顔を赤くした。

住人の仕分けスピードが速まったものの、本の洞窟が終わる頃には夕方になっていた。一日目の作業はここで終了だ。

不要な本は、梱包・撤去しながら作業していたのだが、僕はほとんど住人に付きっきりで気づいていなかった。

僕が「これは不要なので、下げちゃってください」と渡した先の、社員やアルバイト全員が、身体から湯気を上げて肩で大きく息をしている。

忘れていた。ここは五階だったんだ。僕だけ運んでいない。

「柴田さん、階段って疲れますねぇ？」と目を見開きながら言われたので、「えへへ」とおどけてかわすほかなかった。

頭の中では整理整頓

二日目。この日は本の洞窟の手作りの棚を撤去し、ついに本のカルデラに手をつける。

ここは、住人の生活区域なので慎重に行わなければならない。

社員たちが極度の筋肉痛で膝に手をつきながら階段を上がっているのを、見て見ぬふりして五階に到着。朝の挨拶をして、いよいよカルデラに取り掛かる。

やはり、一冊一冊丁寧に見ていく。

ただ、前日よりも要らない物がより明確になったのか、スピードは上がっている。

ここで目に入ってきたのが、栞が挟まった本だ。いたるところに置いてある。基本、ここで過ごしていると言っていたので、今読んでいる本なのだろう。これは確実に持っていく本に違いないと集めてみると、二十冊近くあった。

「これは今読んでる本ですか」

「そう、現在進行形で読んでいる本だよ」

「同時進行でこれだけの本を読んでたら、内容がごちゃごちゃになりませんか」

「大丈夫。頭の中に棚があって、しっかり整理しているから大丈夫なんだよ」

「頭の中にも棚を作ったんですね！」という言葉をぐっと飲み込んだ。

頭の中は整理されているが部屋がごちゃごちゃしているのと、部屋は整理されているが頭の中がごちゃごちゃしている人、どちらがいいのかと言われると難しい。

カルデラゾーンの本はすべて頭の中で整理されているようで、作業はスムーズに進んだ。三分の二は不要な本として処分することになった。

不要な本の搬出に取り掛かる。この日は僕も搬出に加わった。

エレベーターなし五階

紙を運ぶ時は「トン袋」といわれる袋に入れる。自立型の麻袋のようなもので、土砂の運搬にも使われるほど丈夫だ。ただ、うちの会社の場合このトン袋は数に限りがある。そのためパンパンに本を詰めて運び出すが、これがとても重い。

一袋十五キロくらいあるので一袋ずつ運びたいところだが、階段の往復回数を減らすなら二袋ずつ運ぶのが妥当だ。

話し合う間もなく、社員により二袋ずつ運び出された。バケツリレー方式で、僕は中間の三～五階のエリアを任された。

両手で約三十キロをフーフー言いながら下ろしていく。

最初は四人で下ろしていたが、トラックの積み口が塞がってくると一人が荷台に乗り、前の方にトン袋を移動させながら積み込みをしなければいけない。つまり、三人で運ぶことになる。僕の担当エリアが二〜五階に広がった。

五十往復を過ぎた頃には腕は曲がったままになり、その曲がった手にトン袋を掛けてもらい、足も無意識に動くようになる。トン袋下ろしロボに生まれ変わった。

ロボが完成すると、そこからは記憶がなくなる。

気づくと階段下で何もしゃべらず、身体から煙を上げて肩で息をするだけ。全員で『進撃の巨人』を再現しているようだった。

これで洞窟もカルデラもやっと終わり、残るはあと一部屋だ。

教え子の作文は要らない物!?

三日目。挨拶もほどほどに、早速最後の部屋に取り掛かる。住人の寝床だ。

そこには詰め込みすぎて傾いた本棚と床に置かれた本が、鍾乳洞の石筍（鍾乳洞の床に石灰分が固まってタケノコみたいになったやつね）のように積み上がっていた。この、本の鍾乳洞を片づける。

まずは、床から生えた石筍から分別。

三日目ともなると、要る・要らないの判断も慣れたもの。スイスイ分けていく。これはすぐ終わるかなと思っていたら、ピタッと手が止まった。

「どうしました？」と尋ねると、「いや、この辺は昔の教え子の作文や記録ノートで、寝る前に読み返すんだよ」とぐぅっと眉間にしわを寄せた。

すごいと思った。

卒業後に先生に会うと、「おー、柴田か」と話しかけてもらった経験があるが、本当に覚えているのかなと疑問だった。教員全員がやっていることではないだろうが、毎晩読み返すなんて、この人の教え子たちは幸せだろう。

段ボールにして五箱。

今まで好きな本を頑張って減らして来たが、引っ越し先の間取りと広さを考えると、ギリギリだ。

「全部持っていきましょう」

咄嗟に答えてしまっていた。片づけ屋失格だ。情に流されてしまった。どんな時でも優先順位をつけて物を減らすのが仕事なのだが、順位なんてつけられないだろう、この場合は！

するとと住人は、「ありがとう！」とこの三日間で見たことのない笑顔を見せてくれた。良かったのかな、と思えた。

再度、トン袋下ろしロボとなり、最後の部屋が終了。新居で使う生活必需品も運び入れ、引っ越しの作業は終了した。

予想通り、最後に持って来た例の段ボール五箱が置き場を失った。

「すみません。やっぱりこの五箱が入りきらなかったですね。僕のミスです。申し訳ございません」

「愛のない選択は、決して良い結果にはならない」

住人はそう言ってニコッと笑うと、段ボールで一杯になった和室の隙間に無理矢理押し込んだ。

僕は一瞬ポカンとしたが、住人は満足そうだったので、「ありがとうございます！　お疲れ様でした」と新居を後にした。

後に、最後にかけられた言葉がプラトンの名言なのだと知った。お礼だけ言って帰ったのを思い出し、「てへへ」と一人で誤魔化した。

ごみの山の上に電子レンジがあり、
危ないなと思いながらごみ山を掘ると、
電子レンジの下には
積み重なった大量のカップ麺の空容器。
これらが脚となり、
電子レンジを見事に支えていたのだ。
完璧すぎるごみ家具を写真に収めたい……、
その気持ちをグッとこらえた。

あるごみ屋敷で❹

4

せつない生ごみ屋敷

玉ねぎの外皮、りんごの芯、魚の骨。

料理と切っても切れない生ごみ。

清掃員としては高難易度のごみ屋敷にあげたいのが「生屋敷」だ。

ごみ屋敷のごみの半分以上が生ごみの場合、そのごみ屋敷を生屋敷と呼ぶことが多い。生屋敷は異臭と蛆をはじめとする虫との闘いになる。ここでは、僕の中で一番印象に残った生屋敷の話をしたい。


現場は、郊外の一軒家。都心からトラックで一時間半高速を走る。

ロングドライブ中に発表がある。

「柴田さん、今日の現場は柴田さんの好きな生屋敷です！」

このバラエティ番組っぽい発表が朝の日課でもあり、芸人の僕としてはテンションが上がる。「やってやりますよ！」と深夜の体当たりバラエティのような意気込みを見せながら、現場に到着。

一軒家の門扉の前に、四十代後半と思われる男性がいた。この方が今回の依頼者だ。

話を聞くと、ここは依頼者の実家で今までは母親が一人で住んでおり、依頼者は遠方で暮らしているとのこと。

実家に久しぶりに帰ってきたら、ごみ屋敷になっていたというのだ。高齢の母親の認知症が進んでしまったため施設に入れ、施設から戻って来られるかわからないが、その間にごみ屋敷化した家を綺麗にしてあげたいと、なんとも母親想いな依頼だった。

食べ物の成れの果て

早速作業に取り掛かるが、その前に装備の確認。

生屋敷なので、防護服にゴム手袋、防塵マスク、そして長靴も装備したい。だが、土足で上がるのもどうかと、依頼者に相談した。

「あとでクリーニングを入れるので土足のままでどうぞ」と言ってくれたので、長靴を装着。ありがたい。

完全防備したところで作業に取り掛かる。

作業内容としては、腐食した家具と明らかなごみは処分。そして、母親に家事はもうさせたくないので、冷蔵庫と洗濯機、調理家電も処分。まだ使えそうな家具は残しておくという。

万全の装備で扉の前に立ち、防塵マスク越しに苦しめの深呼吸をして、いざ家の中へ。玄関を開けると、生屋敷特有の、吐き気を誘う異臭が吐き出される。後頭部にダイレクトに届くような刺激臭に目を細めながら玄関を覗くと、膝上くらいの高さにごみが積み上がっている。

「あれ？ もっと積み上がっているかと思った」と僕は強張った頬を少しだけ緩めた。しかし、経験豊富な社員は険しい表情を崩さない。

「やっぱり楽ではなさそうなのか」と思いながら玄関から取り掛かる。

玄関は、チラシや新聞などの紙がメインのようだ。だが、作業を進めるうちに違うものも少なからずあると察知した。ここにも生ごみがあるであろう臭いが漂っているのだ。片づけながら臭いの原因を探していると、積み上げられて形状が歪んだ段ボールに辿り着いた。段ボールには「みかん」に「りんご」に「梨」の表記。たぶん臭いの原因はこれだ。開けてみると、やはり原形を留めない黒い物体がヘドロ状になって入っている。

これが食べ物の成れの果てだ。ここまで行くと、逆に虫も湧かない。これらを片づけて玄関は終了。玄関は果物の成れの果て以外は、割とへっちゃらだった。この時、僕は完全にナメていた。「もしかしたら、この感じで終わるかも」と。

しかし、この時点では生屋敷の前奏が終わっただけだったということを、後に思い知ることになる。

大量の使用済みオムツが

リビングに続く扉を開けると臭いのせいか、部屋がセピア色に染まって見える。十五畳くらいのリビングには膝上くらいのごみが溜まっている。

これくらいなら早く終わるかもしれないと意気込んでいたが、生ごみの臭いは次第に強くなり、加えてストレートな異臭がマスクを貫いて、ストレスを感じるという脳の扁桃体に警告して来た。嗅いだことのある臭いだ。

リビングを作業し始めてすぐに、その臭いの原因が判明した。

オムツだ。

大量の使用済みオムツがソファ周りを埋め尽くしていた。中にはもちろん、大も小も入っている。昔、ぼっとん便所で嗅いだことのある臭いだった。ただ、高齢者の一人暮らしではたまにあることなので覚悟はしていた。むしろ今回はオムツの中にちゃんと収まっているので、ありがたかったくらいだ。かつて、「自由な脱糞屋敷」というものもあったので、それに比べたら作業としてはとても楽な方になる。

しかし今回の作業では、オムツや生ごみよりも、僕としては我慢できないことがあった。玄関を片づけている時から、今いるオムツゾーンでもずっと、カサカサカサカサや っているヤツがいる。

そう。生屋敷と切っても切れない天敵「ゴキブリ」。

ゴキブリが玄関からリビングの間で何十匹と出て来ていたのだ。

北海道生まれの僕にとって、上京を決めた時に一番警戒していたのがゴキブリ。北海道では一度も見たことはないのだが、ホラー映画さながらの殺虫剤のテレビCMを見る度に、「東京には恐怖によって支配する悪魔がいるんだ」とゴキブリへの想像が勝手に膨れ上がっていった。そして、上京して初めてヤツを見た時、僕の中でもうこれ以上ないくらいに高くなったハードルをゴキブリは悠然と越えていったのだ。

そんな僕が作業しているのだから、依頼者には申し訳ないが、ゴキブリに遭遇する度に「うぎゃあ!!」と大声が出る。

正直、オムツなんかより断然ゴキブリの方が嫌だ。

「うぎゃあ!」「わぁー!!」「もうやめてぇ!」と騒ぎ狂っているうちに、オムツゾーンは終わっていた。

ただし、体力の消耗がえげつない。

こんな調子で大丈夫か？　まだ続けられるか？　と不安になる。なぜなら生屋敷の片づけを一曲の歌だとすると、玄関はイントロ、リビングはＡメロ。メインとなるサビは、キッチンなのだから。

生屋敷以外のごみ屋敷でも、キッチンだけは生屋敷化していることが多いので、こんなに生ごみの多い生屋敷のキッチンとなれば、それはもうレコード大賞を狙えるレベルの大サビだ。

ゴキブリの楽園

不安を抱えながらキッチンに突入。

電気が止まっているので薄暗い中で作業をするのだが、そこにメタリックブラックの冷蔵庫があるのは、最初からわかっていた。電気が止まっていることと、この生ごみの量から考えると冷蔵庫の中身が一番の強敵になる。

光栄にも僕が冷蔵庫係に任命されたので、恐る恐る冷蔵庫に近づく。その途端、メタリックブラックの冷蔵庫の扉の中心から、サァーーッとシルバーが広がっていった。

僕の頭は真っ白に。

メタリックブラックと思っていた冷蔵庫は、全面ゴキブリに覆われていたのだ。

僕は奇声を発して逃げた。

尋常じゃない数がキッチンにいることが確定したのだ。

僕が逃げた先は、家の外の資材置き場。鳥肌が立った腕を撫でながら、「冷蔵庫は僕の管轄」と三回唱え、覚悟を決めた。

武器の殺虫剤二本を手に、いつか見たCMを思い出しながらキッチンに戻る。

依頼者には屋外に退避してもらい、両手に殺虫剤を持ち、全力で噴霧して「ヤー」と叫びながらキッチンに突入した。下に落ちるゴキブリ、飛んでくるゴキブリ、冷蔵庫や家具の裏に逃げ込むゴキブリ。恐怖とは裏腹に、すべてのゴキブリの動きが見えていたのではないかと今では思えるほど、頭はクリアな状態だった。

後に、それを見ていた社員に「『トゥームレイダー』みたいだった」と言われ、なんだか嬉しかった。

殺虫剤乱舞の甲斐あってか、動いているゴキブリの姿はなくなった。目視できるだけでも、百匹はやっつけたみたいだった。

これでやっと冷蔵庫に取り掛かれる。

五ドアの冷蔵庫だったので、真ん中の野菜室から取り掛かることにした。臭いを覚悟しながら野菜室を開けると、「ブァーーー」という表現が正しいのかわからないが、一斉にゴキブリの大群が溢れ出た。まるでドライアイスの煙のようにゴキブリが吹き出したのだ。ゴキブリに慣れることなんてないので、新鮮に「うわぁ！」と悲鳴をあげ、腰に装着した殺虫剤で応戦。

その時、僕は見逃さなかった。

溢れ出る勢いがすごすぎて、野菜室に入っていた茗荷《みょうが》か何かの白い発泡トレーがゴキブリたちの背中に乗って、まるで神輿《みこし》のように流れ出てくる光景を。浅草三社祭をしのぐ盛況ぶりだった。

人生でもう二度とこんな経験をすることはないだろう……、とは言い切れないのが、僕らの仕事だ。

さて、ゴキブリを追い払い、ようやく冷蔵庫の中身をチェック。袋とプラスチック以外は、黒い液体になっている。依頼者に「何ですか？　その黒いの」と聞かれ、「元野菜です！」と、カラ元気で答えるしかなかった。

キッチンの流しを借り、引き出しごと抜いて元野菜を捨て、軽くすすいで戻す。冷蔵庫をすすいだのは初めてだった。

もうここまでどっぷり冷蔵庫の中身に触れてしまえば、後は早い。冷凍室もチルド室も一緒の要領で片づけ、超難関だった冷蔵庫終了。

冷蔵庫が終わった頃には「もう僕は、無敵なんじゃないの？」と思い始める。しかし、ゴキブリが出てくる度にちゃんと声を上げてビックリする自分に、克服は絶対にできないと悟った。

梅酒は「漬けたいから飲む」もの!?

冷蔵庫の後は、キッチン全体に取り掛かる。

まずは床だ。買い物したことを忘れ、そのまま放置されて黒く腐敗した元食べ物たちが、レジ袋に入ったまま無数に積み上がっている。臭いとゴキブリさえ我慢すれば、すべて燃えるごみなので分別は楽だし、冷蔵庫の清掃を超えるレベルの作業はなくスムーズに終わった。

次に、キッチン収納の扉を開けると調味料がぎっしり詰まっている。液体系はトイレなどで流すことになるので、容器が倒れて液が漏れないように折り畳みコンテナに入れていくのだが、使いかけの同じ調味料が大量に出て来る。

　これも認知症の方が暮らす家に多い。

　中でも特によく見かけるのが、自分で漬けている「梅酒」だ。

　高齢者のお宅では高確率で出てくる梅酒だが、手作りの梅酒は酒税法の関係でリユースできないので捨てなければならない。梅を取り除きながらの処理作業になるので、かなり手間取る。飲み切ることが少ない上に毎年漬けるからか、古い物で六十年物の梅酒が出て来たこともある。

　これまでに何百もの梅酒を捨てて来た。もしかしたら「飲みたいから漬ける」というより「漬けたいから飲む」の方が正しいのではないかとさえ思えてくる。子どもたちが帰省した時に振る舞いたいという気持ちも込められているはずだから、きっと優しくて甘い味なのだろう。

　梅酒と共にその気持ちをトイレに流す僕の心に、何だかズンとくる。液体を流し終わった梅の実の重さは百キロ近くになったのだが、この重さが僕らの心にのし掛かっているような気持ちになるのだ。

　できるなら「飲める分だけ漬ける」「寝かすのは一瓶のみ」「一リットル以上の瓶は使

わない」などの、後々困らない梅酒の漬け方を伝えていきたいなと思う。それほど梅酒問題は重大だと思わされる。

こうして、恐怖と切なさがないまぜとなったキッチンがやっと終わった。他の部屋はキッチンほど過酷ではなく、二階は手をつけなくていいとのことなので、今回の案件は無事終了。

床などの劣化が激しいので、結局リフォームを検討中だそう。

まずは連絡を取り合って

生屋敷は認知症の方の家が多い。

スーパーのビニール袋の中に腐った生ごみが入っていることが多く、冷蔵庫にあるのを忘れて同じ物を買って来る。そして、買って来たことを再び忘れて腐らせてしまう。ただ、料理をずっと作って来た習慣は残っていて、「作らなきゃ、買い物に行かなきゃ」で動いてしまう。梅酒も、「梅の時期だ、漬けなきゃ」で漬けてしまう。

現場を見ると、どうしてこうなったんだ、凄惨だな、と思うが、ごみの中身を見ると、溜めこんだごみはその人の長い人生を表しているんだと胸の真ん中がギュッとなる。

生屋敷は、家族や友達の助けでどうにかなるものではないことが多い。

認知症の方のケアは市区町村が支援を行っていて、地域のケアセンターや地域包括支援センター、保健師の方がサポートしてくれる。しかし、自治体が認知症の方がいることを把握していないと支援できないのが現実だ。

なので、まずは異変に気づくことが大事だ。

遠方住まいで親の様子を見に行けない方は、定期的に連絡を取り合うこと。そして、もし何かおかしいなと思ったら、自治体に相談してサポートを依頼することをお勧めする。家族間のしがらみやいざこざは、どうか一旦脇に置いてほしい。

そうすれば、ごみ屋敷化を防げるかもしれない。

母親が漬けた梅酒を、ゆっくり味わえるかもしれない。

依頼者に話を聞くと、十年前に父親が亡くなってから母親の様子がおかしくなり、自分に対しても当たりが強くなって次第に疎遠になってしまったらしい。

ごく最近、ずっと連絡を取っていなかった母親から七年ぶりに突然電話が来たが、この間まで一緒にいたような普通の世間話をするのでおかしいと思い、帰省。そして、生屋敷に変わり果てた実家で重度の認知症の母親に再会したそうだ。

依頼者である息子さんは、「現場を見たら、涙も出ませんでした」と言っていた。

認知症は父親が亡くなった時に始まっていたのかもしれないが、実際は誰にもわからない。その時気づいていれば、なんとかなったのか。それも誰にもわからない。

誰も悪くない。

それが生屋敷には多い。

住人のうんちが
コンビニ袋に入れられ、
あちこちに散らばっていた。
トイレは使えるのに、玄関、リビング、
寝室などすべての部屋に一定数のうんちがある。
頻尿・頻便の僕は、
場所にこだわらない自由さを
うらやましくさえ思った。

あるごみ屋敷で❺

生ごみ屋敷を片づけている時、
ドロドロになったごみを住人が見て
「うわぁ！　きったねー！」と叫びだした。
僕らが黙々と片づけていると
「よく触れますね。なんでこんな仕事してるんですか？」
と言われ、ハッとしてムッとした。

あるごみ屋敷で⑥

5

怒りの猫屋敷

猫派？　犬派？

僕は断然猫派だ。実際にチンチラという種類の猫を飼っている。名前は天《てん》の助《すけ》。家に帰ると「ニャア（おかえり）」と言って擦り寄ってくるので、「ニャア（ただいま）」と言いながら撫で回している。その時、「溺愛」の文字が僕の体から出てきてゴトっと床に落ちるほど、愛している。

だからこそ、この、飼育放棄によってごみ屋敷化した「猫屋敷」は許せなかった。


依頼は住人からではなかった。住人がお金を払えなくなり、持ち家を売却するので片づけと引っ越しをお願いしたいという不動産屋からの依頼だった。住人は新しく借りたアパートへ飼い猫と共に引っ越すのだという。

引っ越しと同時進行で部屋の片づけ、不用品の処分を行うという作業内容だ。

その日は猛暑日。三十五度を超える灼熱の中、現地に向かうトラックで社員に「今日猫屋敷っすよ」と告げられる。「バッドサプライズは要らないんですよ！」と芸人的リアクションを取っている間に、現場に到着した。

大きな一軒家。４ＬＤＫの二階建てで近隣の家との距離も近い。二階の一部屋を除き、全部屋の雨戸が閉まっており、雨戸の隙間には多量の枯葉が挟まっていて、何年も開けた形跡がない。玄関扉に近づくだけで、鼻をつく異臭がする。「これは、覚悟を決めないといけない」と準備をしていると、住人が「こんにちはー」と、凄まじい臭いとはうらはらな爽やかさで家から出て来た。

四十代後半くらいの痩せ型で小柄な男性だ。前が見えているのかわからないほど汚れた眼鏡をかけて、くたびれた野球帽をかぶっていた。

ドアを開けながら「暑いね」と平然と笑みを見せるその背後の玄関には、腰高までごみが積もっている。

家から出るなり隣の家の敷地に入って地面に座り、煙草に火をつける住人。「お隣の敷地だと思いますが」と伝えると、「あぁ、そういう感じ?」と渋々自分の敷地に戻る。

そんな住人を目で追ったあと、作業員全員が顔を見合わせた。社員の一人が「ちょっと面倒なことになるかもね」と口にした。

紫色のモヤが充満

早速、作業を開始しようとすると住人が「僕は猫を捕まえなきゃならないので、やっておいてください」と言って二階に上がって行った。猫はすべて二階にいるそうだ。

猫が四匹いる猫屋敷とは聞いていたが、「捕まえなきゃならない」とはどういうことだろうと思いながら、作業を開始した。

今回のごみ屋敷の片づけでは飼い猫が逃げないようにするため、窓やドアを閉め切って作業を進める。

玄関にはチラシや靴、ペットボトルなどのごみが積もっている。

ごみ屋敷は、玄関に紙ごみが多い。ポストから溢れた紙や、下駄箱の上に積み上げたものが崩れてそのまま放置されていたりと、かなりの確率で紙が積もっている。

まず、この紙ゾーンを片づける。玄関は正直「普通レベルの、臭いのキツいごみ屋敷」の印象のまま終了。

ずっとこんな感じか？　と思いながらリビングの扉を開けると、異臭がバックドラフトのように僕らを押し返した。消防士の映画でしか見たことはないが、きっとこんな感じなのだろう。雨戸が閉まっているので真っ暗だが、玄関とは明らかに臭いの次元が違う。暗闇の中に紫色のモヤが充満している感覚。

社員が中に入り、雨戸を開けに行く。光が差し込んで見えてきたのは、十二畳ほどのリビングだった。膝上くらいに積もったごみの山が一面に広がっている。

「あれ？　膝上？」

皆が狐につままれたような顔をする。ごみ屋敷清掃では、膝上くらいのごみの山は全然大したことはなく、愚痴も出ずに終わるレベルなのだ。

ただ、全員が抱いている違和感。

「そんな訳ない……」

この臭いで楽に終わる訳がない。ごみの量と臭いのバランスがおかしい。一筋縄ではいかないだろうと思いながら窓を閉め、違和感の原因を探しつつ作業を進めると、社員の一人が「うわ！」と声をあげた。

恐る恐る見に行くと、ぐしゃぐしゃに濡れた雑誌の山が。と同時に、防塵マスクを貫く強烈なアンモニア臭。

「猫のマーキング&糞尿ゾーン」に突入した知らせだった。

真夏の密室で糞尿まみれ

十二畳ほどの和室リビングの、約右半分が尿ゾーンだった。

雑誌の山の横には服の山があり、それを掴むと滴る猫尿。山の下の方の服は、ヘドロのようになり、原形を留めていない。ヘドロをさらうと、腐った畳が見えてくる。畳なのに低反発のマットレスのような踏み心地になっている。

そして左半分が糞ゾーン。

乾燥していない、ソフトタイプの糞が積み重なっている。掘れば掘るほど臭いが強くなる糞ゾーンだ。

ただ、そこまで大きな山ではないのでやはり違和感がある。糞が少なくないか。尿と糞の割合が、尿七に糞三なのだ。

何かおかしい。

そもそも、尿も糞も少ないんじゃないか。他のごみの古さから考えるに五年分は優にあるはずだ。でも、この糞尿の量は五年分とは到底思えない。

しかも、猫って糞と尿を分けるかな？　猫を飼っている僕の直感が「変だぞ」と言っている。ただ、考えても仕方ないのでとにかく掘りまくる。

針で刺されるような鼻をつく刺激臭と、足にくるボディブローのような悪臭が交わった、途轍もない臭いとの闘いで精一杯だ。マーキングの尿は、普通の尿よりも臭いがきつい。加えて、ここでじわじわと襲ってくるのが、暑さだ。三十五度を超える気温に加え、窓を閉め切っているので猫尿の湿気で体感百パーセント以上の湿度。そして、完全防護服に分厚いゴム手袋。マスクの上に防塵マスク。自分の汗がゴム手袋の中に溜まっていく。

こまめに外のガレージで休憩を取りながら作業を進めるが、休憩明け「もう戻りたくない」と必ず皆がもらす。

僕もぼやきながら重い腰を上げていると、住人が玄関から出て来た。

「大変そうですね。暑いでしょう」と、まるでお隣の住人のように声を掛けてきた。

顔や手を見ると、さっきまでなかった無数の傷ができている。

「あぁ、これ？　猫にやられました。あいつら全然言うこと聞きませんわ」と頭をぽりぽり。

世話もせずに懐く猫なんているわけない。「当然だろ」というこちらの心の声が聞こえていたかどうかはわからない。

会釈して作業に戻ろうとすると、「あのー、窓開けて作業していいですよ」と窓を開け始める住人。

「いえ、猫が逃げてしまう可能性がありますのでこのまま作業いたします」と言うと、少し間を置いて、「まぁ、いいっすよ。二、三匹だったら逃げても大丈夫っすよ」。

その瞬間、作業員全員の顔が怒りで歪んだ。皆が思ったことは一緒だったはず。「こいつやっぱり変だ」。

住人を無視して開けられた窓を閉め、「絶対に猫をすべて、引っ越し先に連れて行ってください」とこちらの意思をはっきりと伝え、作業を再開した。

尿ゾーンの奥にあった、積もったごみのせいで開けられなかった押し入れに取り掛かる。

押し入れを開けると、暗闇から何かが物凄い勢いで飛び出して来た。猫が入っていたのだ。猫はそのままの勢いで二階まで駆け上がって行った。

びっくりするのと同時に「いつから入ってた？」という疑問が浮かんだ。押し入れに穴はなく、扉の前にはごみが積もっていて開かなくなっていた。ずっと入ってた？　いつから？　住人は気づいてなかった？　思いをめぐらせると怖くなった。

このまま片づけないまま、僕らが来なかったらどうなっていたのか。

怒りはとうに沸点を超えているが、猫が助かって良かったという思いの方が強かった。

そして尿ゾーンが終わり、生屋敷化していたキッチンに取り掛かったが、尿ゾーンに比べればなんてことない。猫に食べられたであろう乾麺やカップラーメンの残骸が無数にあり、猫たちはここで食い繋いでいたんだろうと哀れに思った。

黙々と片づけ、一階は終了。

このままの勢いでやってしまおうと、二階に取り掛かる。

糞古墳マッドマックス

二階は三部屋あり、どこも扉は閉まっているのだが、階段を上がってすぐ右手の扉がなんだか臭う（どちらの意味でも）。

作業員全員、「ここだ」という顔でうなずきあった。ドアノブに手をかける。扉を開けると真っ暗だったが、確かに感じる荒廃と尿ゾーンに匹敵する激臭。

意を決して、社員が雨戸を開けに行く。

光が入ると、とんでもない光景が目の前に現れた。腰高くらいまである、四つの古墳のような山だ。

すべて糞だということは一拍おいて、啞然としながら理解した。

まるで、『北斗の拳』や『マッドマックス』の世界に入り込んだかのような荒廃ぶり。

猫用のトイレが糞の中に埋もれているのも確認できた。

猫は必ずしも決まった所で排泄するわけではないらしいが、躾けられたからなのか、きちんと決められた場所で排泄し続けたのだろう。その結果がコレだ。

トイレが壊滅し、動物が本能で「ここは危険だ」と思うほど極度のストレスを感じ、二階で排泄できなくなり一階に排泄場所を移したのだろうか。

本来一階は排泄場所ではなかったから、予想よりも糞尿を少なく感じたのだろう。

そして何より、強烈な臭いなので住人がトイレ部屋をいつの日からか閉め切ったままにしたのではないだろうか。

色々な憶測が頭を駆け巡る中、作業を淡々と進める。

このトイレ部屋は蝿と臭いとの闘いになった。

乾燥した糞の山をテミと呼ばれる大きなちりとりを駆使しながら崩していく。

この時にはもう、汗がどこかの噴水公園よりも噴き出していて、ゴーグルがどうしても曇ってきてしまう。仕方なくゴーグルを外すが、五分もせずに目を開けていられなくなる。アンモニア臭で痛いのか、もうこの現状を見たくないのかわからないが、とにかく目をつむりたくなる。

ただ、一階よりもスピーディに作業が進む。

糞の山の清掃はもちろん辛いが、猫はきちんと決められた場所にトイレをしているだけだ。片づけてほしいのに片づけてくれないという猫の気持ちを考えた方が辛い。「猫に罪はない」というその思いだけで、なんとか頑張れた。

奥歯を噛み締め猫を思いながら、全糞撤去完了。

そして、残るは二部屋。

「あぁー、死にますかね？」

話によると、普段この二部屋は住人の居住スペースになっているとのこと。

二部屋のうち一つは、引っ越しで持っていく荷物がまとまっていて、現在住人が猫を捕獲しようと閉め切っている。

なので、処分品が多そうなもう一部屋から片づけることに。

ここの住人の居住スペース。どれほどの惨状か……恐ろしい……、と思いながら扉を開けると、パソコンデスク、ゲーミングチェア、本棚、以上！

「おかしいだろ‼　なんで猫たちの居住スペースはマッドマックスで、お前の部屋はオアシスなんだよ‼」と心の中で住人を怒鳴りつけながら作業していく。

怒りのおかげなのか、過去一のスピードで一部屋終了。残るは引っ越しの配送物が置かれた、今、住人が猫を捕まえている部屋のみ。

扉の前に立つと、「おい、来い！　なぁ〜来いよぉー」と聞こえてくる。

「入ります」と声を掛け、猫が逃げないようにドアの隙間から体を押し入れた。周りを見ると、綺麗に積み上がった「ゲーム」と書かれた多数の段ボールと、四つん這いになって押し入れに声を掛ける住人が。「いや、ここも綺麗にしてるのに、なんで声を掛けてるその猫たちのトイレとかは何もしないんだ！　お前のゲーム道具なんかどうでもいいよ！」と住人に怒鳴る、別の世界線の自分を想像しながらため息をついた。

四つん這いの住人が見ている押し入れを覗くと、隅に固まって威嚇する四匹の猫が。

この子たちはこの男と一緒にいて幸せだったはずはない。それは一目瞭然だ。でも、この男が家をごみ屋敷にしたから、猫たちは生き延びたとも言える。さっきのキッチンのように食べ物が放置されていたことによって、猫たちは食い繋いでいけた。野良で生きるよりはリスクは少ないのか……。何だか涙が出てきてもおかしくないようなことをぐるぐる考えてしまった。

住人の手には先ほどより増えた傷。見かねて、作業員全員で力を合わせた。人間の数が多い分すべての猫をなんなく捕まえることができ、引っ越し用の猫バッグに入れることに成功した。

壮絶猫屋敷を片づけ終え、配送物を積み込み、後は引っ越し先への運搬だけとなった。

社員が「猫ちゃんたちのペットタクシーは手配済みですか」と尋ねると、「あれ？　配送物は運んでもらえるんですよね？」と住人。

住人はとぼけた様子で、猫ちゃんたちもトラックの荷台に乗せて配送してくれと言ってるのだ。

「真夏のトラックの荷台は五十～七十度まで上昇しますよ。猫ちゃん、死んじゃいますよ」と伝えると、「あぁー、死にますかね？　まぁそうだよねー。でも高いよねー」と笑っている。

この住人に怒りを覚えるだけ無駄だと終了間際で気づき、無感情のまま こちらの負担でペットタクシーを呼び猫たちを運ばせた（運ばせたが一番正しい表現）。

後から聞くと、ここには、母親と引きこもりだった彼が住んでいたという。母親が猫好きで猫の面倒を見ていたそうだが、母親が亡くなり住人が一人になったあとも、ゲームばかりして猫の世話もせず、ごみ屋敷化した結果が今日の惨状だったということなのだ。自分が飼い始めた猫ではなかったかもしれないが、さすがにあの惨状は、無責任すぎると僕は思った。

あの猫たちがどうなったかはわからないが、少なくともこの時よりは環境が良くなっていることを望む。

息子との仲がすごく悪いという住人。
要る・要らないの仕分け作業の際、
息子の悪口を言いながら、
息子の物を全捨てしている。
しかし、母子手帳が出てくると
少し見つめて何も言わずに
「要る物ボックス」に入れていた。

あるごみ屋敷で❼

ごみ屋敷分析❸

ごみ山の中から見つけて
一番困るのは実は、1円玉貯金。
依頼主から要らないと言われるが、
汚れがひどすぎて銀行も受け取ってくれない。
倉庫に1円玉がアルミのチョモランマとなり、
行き場を失っている。

6

明日は我が身の弁当がら屋敷

清掃員にとって、比較的ライトな作業量ですむごみ屋敷が、「弁当がら屋敷」。これは一人暮らしの家に多い。主に、自炊せずにコンビニ弁当やデリバリーなどで食事を済ませたごみが、捨てられずに積み上がった家のことを指す。

今回は、「明るい」弁当がら屋敷のお話。

現場は、都内のワンルームマンション。行きのトラック内の雰囲気は良くなかった。なぜなら前日に、「明日はごみ屋敷」と、うちの会社では珍しい事前報告を受けていたからだ。ごみ屋敷が確定しているので、もちろん車内は暗い。

そんな空気を察してか、「実は、今日は弁当がら屋敷ですよ！」と社員が言った。空気が一変した。ごみ屋敷の中では作業内容も単純、分別もそれほど時間がかからないのが弁当がら屋敷だ。社員の仕掛けたサプライズは見事に成功。まんまと僕のやる気がみなぎる。

現場に到着し、マンションのエントランス前で社員に事情を聞くと、依頼は設備業者から。漏水が発生し、原因の部屋に行くとごみ屋敷だったということだ。このままでは作業ができないので、住人に説明をして依頼したとのこと。僕の経験上、こういう事例はあまりない。設備業者や不動産屋が入っても説得できない場合が多いからだ。

住人は二十代前半くらいの、金髪で坊主頭の男性だった。せっかくの良い機会だと思い、片づけを決意したらしい。

「すんませーん！　申し訳ないっす！」と帽子を取り僕らに向かって一礼した。

「ダラダラやってたらこんなんなっちゃいました！　すんません！」

ニカーッと綺麗な歯並びを見せながら爽やかな笑顔を向ける。金髪坊主に陽が当たり、頭が太陽のようにきらめいている。

なんて明るいんだ……！

作業員全員が思っただろう。明るい住人は一定数いるが、こんなに真っすぐな明るさをふりまくごみ屋敷の住人は初めてだ。住人はきらめく笑顔のまま、ごみ袋をバサッと開いて自らペットボトルを集め出した。

やる気に満ち溢れたこの住人と一緒に片づけることになった。

容器は捨てないが汁は律儀に完飲

住人の部屋のドアを開けると、腰の高さくらいに積み上がったごみが……。ざっと見る限り、やはりプラスチックの容器やペットボトルが多い。「単身パック」が目立つ印象だった。単身パックとは、コンビニで買った弁当、お茶、コーヒーなどのごみがまとめてビニール袋に入れられて口を閉じられているもの。

百セット以上はあるだろう。

ごみ屋敷の作業の中で楽な方ではあるものの、このセットを一つひとつ開けて分別しなければならないので、少し面倒くさい。

カップ麺の容器も山のように出てくる。容器を片づけている時に、明るい住人が、「あの！　汁はないと思います。飲み干してるんで！」と言ってきた。「流しに捨てに行くより飲み干した方が楽なんですよね」とも。

「飲み干してくれたんですね！　ありがとうございます」

冷静に考えると、「飲み干してくれた」ことに感謝している自分と、飲み干すことを「僕にとっては普通のことですよ」とアピールする住人が、どこのレベルで会話しているかわからない内容だ。

大体の弁当がら屋敷では、カップ麺は汁を飲み干してくれている。

考えるに、理由はこの住人と同じように、「シンクに流しに行くより、飲み干した方が面倒くさくないから」だろう。より効率化を図った結果なのかと思っている。

ちなみに、散らばったカップ麺の容器自体にも特徴がある。カップうどんといえば、「どん兵衛」か「赤いきつね」が二大巨頭として挙げられるだろうが、ここではカップうどんの容器は「どん兵衛」しか出て来ない。実は、他の弁当がら屋敷に行っても同じ現象が起こる。カップうどんはどん兵衛だけという弁当がら屋敷をよく見る。しかし一方で、赤いきつねが出て来る弁当がら屋敷からは、どん兵衛も出て来るのだ。

これは恐らくコンビニに置いてある割合が関係しているんじゃないかと、僕は再び考察した。

どん兵衛は比較的、どこのコンビニにも置いてあるが、赤いきつねは置いていない店舗が多い。ゆえに、赤いきつねがの方が食べたくても仕方なくどん兵衛を選ばざるを得ないという現象が起きているのではないだろうか。

そんな、必要性があるのかないのかわからないこと（おそらく必要ない！）を延々と考えながら作業を進める。膨大な量ではあるが、ワンルームなのであっという間に半分が終わった。

バイトとゲームの日々で

ここで、ごみの中からゲーミングデスクとパソコンが出て来た。

住人が「ゲーム出て来た！　久しぶりー」と喜々として駆け寄る。

聞くと、大のゲーム好きだそう。バイトとゲームの日々を繰り返しているうちに、ごみに占拠されてゲームが埋まりストレスが溜まって、ごみ屋敷化に拍車がかかったらしい。

ゲームのやりすぎで溜めたごみのせいで、その好きなゲームすらできなくなるのは皮肉なことだと思う。ゲームの中の敵は片づけられるが、部屋は片づけられない。これも皮肉なことだ。

その大事なゲーミングデスクを片づけ始めると、住人が「あ、そこは僕がやります！」と慌てて僕たちの作業を遮った。大事な物がある場所なのかと思いながらデスクの下を見ると、「尿ペ」が。

これはゲーム好きの家にはよくある。最近のゲームはオンラインで仲間とプレイするものも多いため、トイレに行っている間に負けることを恐れて、ペットボトルで用を足すことがあるのだそう。

住人はそれを見られたくない様子だったので、僕たちは見て見ぬふりをした。

「頑張りすぎないでください」

つつがなく作業を終え、ワンルームの部屋を三時間弱で必要な物だけにした。約二十平米の部屋から出て来たごみは、最終的に二トンロングトラック一台分に達した。

片づけ終了後、住人が「本当にありがとうございました！　頑張ってこの状態を維持します」と再び帽子を取って、頭を下げた。

「頑張りすぎないでください」と社員は返していた。

ストレスを抱えた人に「頑張って」と言うのは酷だ。「ウチみたいな業者がいるから、もしまたごみ屋敷になっても大丈夫だよ」という意味の「頑張りすぎないでください」だ。

住人はそれを聞いて少し驚いた顔をして、すぐに「いや！　甘やかさないでください。頑張らないとすぐ元通りになってしまう自信があります！」と最後に、今日一番の明るさと変な自信を見せた。

もし僕の後輩だったら絶対可愛がっていたと思う。「ゲームも大概にしてキャンプ行くぞ！」と連れて行ったんじゃないか。そう思えるほど、元気で明るい人だった。

僕は綺麗に維持できるように頑張れよと心から思っていたが、無理しすぎて心も身体も壊れてしまっては元も子もない。頑張りすぎて心が疲れてしまうと、きっとまたごみ屋敷になってしまうだろう。

まさか自分が…

ごみ屋敷になるには色々な原因がある。例えば、離婚して独り身になったが自炊する気力がない、仕事が忙しすぎて身の回りのことは二の次になる、など。

いつ誰がなってもおかしくないのが弁当がら屋敷。かくいう僕自身も過去に、弁当がら屋敷の住人になったことがある。

当時、僕はコンビニで深夜のバイトをしていた。深夜のバイトはどうしても、周りが暗い時間に起きて出勤し、太陽が昇る時間に帰って眠るという生活になる。いわゆる「普通」とは真逆だ。若かった僕は、「睡眠時間が一緒なら昼間働くのと変わらないでしょ」

と思っていた。

しかし続けるにつれ、なんだか昼間働く人に見下されている感覚に陥った。幸せそうな家族がお風呂上がりにアイスを買いに来るのさえ、苛立たしく思ってしまった。

そのうちに、バイト終わりの朝にビールロング缶を三本買って飲み干し、また二本買い足し、気づけば昼の十二時までだらだら飲んでいるという生活を送るようになった。ビールのあてにコンビニの弁当を食べ、そのごみを捨てようにも収集時間は終わっている。「なんで夜勤者向けに収集しないんだよ」とお門違いの怒りを膨らませた。

コロナの自粛期間中には、かっぱえびせんだけを買っていく客に「なんで自粛中の今、かっぱえびせん食べたいんだよ、やめられないとまらないって言っても自粛中はやめろよ」と、心の中で何にでも毒づけるようになっていた。

その頃だ。自分の家が弁当がら屋敷になっていたのは。

当時、お笑い芸人の相方とルームシェアをしていたが、相方も夜勤業でごみ出しができず、加えて同期の芸人、仕事関係者や友人たちが出入りする家だったから、ごみは増える一方だった。ごみがごみを呼び、来客たちは空けた酒の缶をその辺に捨て、酒の缶と「単身パック」でソファとちゃぶ台が埋まって見えなくなるほどになっていた。そうなると、「自分だけが出したごみじゃないし」と、誰も片づけなくなる。

気づけば、ごみ屋敷になっていた。

知り合いのディレクターが、部屋の状態をみかねて、『断捨離』という自主ドキュメンタリー映画を撮ってくれた。その撮影の中で、しっかり片づけることができるようになった。こういったきっかけがなければ、いつまでごみ屋敷だったかわからない。

その後、朝から夕方までの時間帯の今の仕事に就いて、「やっぱり僕にとっては、起きる時に太陽の光を浴びるのは大事なことだな」と改めて思った。日が昇ったら起きて、日が沈んだら眠る。それだけで僕は、精神的に安定していった。

明るい弁当がら屋敷もあれば、暗い弁当がら屋敷もある。どんな人でもごみ屋敷になる可能性がある。

僕も、まさか自分の家がごみ屋敷になるとは思ってもいなかった。自分の経験上、ごみ屋敷は人の心が実体化した「今の自分」なのだと思う。

僕の場合は、片づけるきっかけがあったり、深夜のバイトをやめて生活スタイルが変わったりしたことで、ごみ屋敷から抜け出せた。でも、世の中にはいろんな事情でなかなか現状を変えられない人がいると思う。そういう人は、きっかけを作ってみてほしい。例えば、友達や親に連絡してみる。相手が「家に行きたい」となれば断らずに呼んでみる。そうすると片づけのスイッチを入れざるを得ない。

そういうきっかけも難しいという人は、いつでも僕たちみたいな業者を頼ってほしい。

片づけていて出てきた
ホワイトボードに、
ペットボトルのキャップが
パンパンに入った袋がぶら下がっていた。
その上に「できることから始めよう」
と書いてあった。
「そんなニッチな所から始めたんだ」と思った。

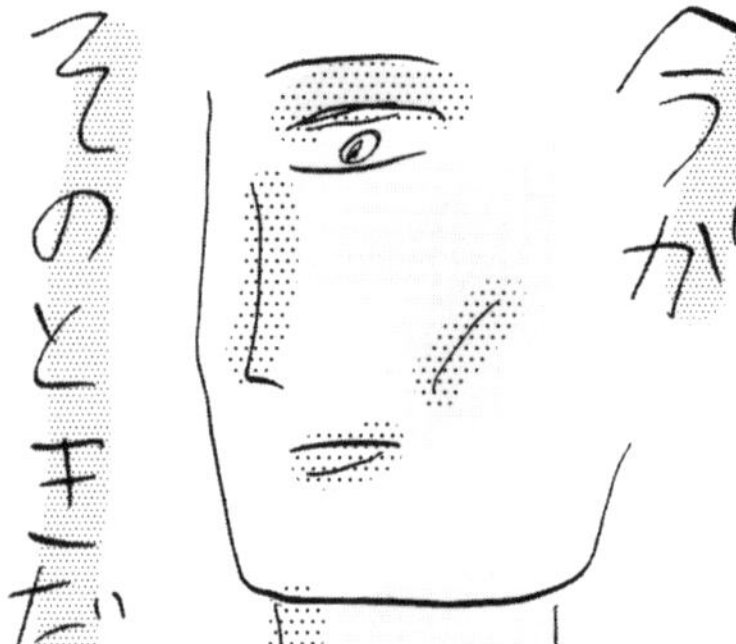

あるごみ屋敷で❽

ごみ屋敷分析 ❹

尿ぺに出会いすぎて、
色や香りで年数が大体わかる
「尿ぺソムリエ」を目指した時期がある。
やはり30年物は芳醇で、
黒い花畑で何百人が立ちションしている
光景を彷彿とさせる香り。

ゴキブリを見て飛び上がって驚く僕に、
「エビとほぼ一緒だからね。
エビ見てもそんな驚くの？」と言って、
まったく動じない元ごみ屋敷住人の社員。
「そういうところだぞ」と思った。

7

ヤバイ同僚と虫屋敷

様々なごみ屋敷を片づけて来たが、身の危険を感じたごみ屋敷がある。

現場は、郊外のアパート一階のワンルーム。

行きのトラックで社員が、「今日は大したことないよ」と言ってきた。

うちの会社は、ごみ屋敷の片づけ仕事だということを隠して、当日にサプライズ発表をする嫌なエンタメを取り入れる社員が多いが、この日の社員・ヤマモトさんはそういうエンタメを一切やって来ない人だ。

「大したことない」を信じたいが、ヤマモトさんの場合は感覚が人と違うところがネックだ。

普通、ごみ屋敷で作業した後は防護服を捨てて、臭いが気になったら中の服も着替えるのだが、この社員はそもそも防護服を着ずに作業してそのまま着替えもせずにトラックに乗る。トラックはみんなで共有しているので、次にそのトラックに乗る人が臭くて迷惑だったりする。さらに、腐乱現場なのにスリッポンで作業したり、腰高まで積もった部屋ぐらいでは、「まだごみ屋敷っていうほどじゃないよ」と本気で言ったりする。

まったく信用できない。

この不信感満載の人が見積もりをして、「作業員二人で大丈夫です」と言ったらしい。

一階とはいえ、二人で大丈夫なごみ屋敷なんかない。

「一応、心構えしときます」と、あなたを疑っていますという牽制を入れた。

ほどなくして現場近くに到着したのだが、周辺は坂道だらけの起伏のある地域だ。現場アパート前も坂道で、その傾斜のせいで道路から階段を降りてアパートの入り口という造りになっている。二階の方が道路からフラットに繋がっているので、実質「地下一階」の現場だ。

「この嘘つきめ」と社員を睨み付けたが、「え、何?」という邪気のない顔をされた。

玄関の前に着きインターホンを押すと、出て来たのは二十代半ばくらいの女性。眼鏡をかけたスウェット姿だ。ずいぶん着古したであろうそのヨレたスウェットは、逆に寝心地が良さそうだ。今起きたのであろうその髪は、怒った時のナウシカのように寝ぐせが爆発している。パッと見から「アニメ好きだな」という印象を受けた。

「ちょっと待ってください」と言い、中に戻って行った。

五分ほど玄関前で待ち、再び扉が開くと髪が濡れている。寝ぐせがおさまっていた。

「どうぞ」と言われたので靴を脱いでいると、目を疑うことが起きた。

ヤマモトさんが土足で入ろうとしている。

「ちょっと!」と声を掛けると、「あぁ、土禁か」と靴を脱いだ。

どんなに汚いごみ屋敷でも住人はそこで生活している。会社では、土足禁止かどうかは住人に必ず確認するというのを徹底している。

この社員と現場を回る時は余計な気を遣う。デリカシーもごみと一緒に捨ててしまったのだろうか。

薄暗い室内

中に入ると、カーテンが閉まったままで電気もつけていない薄暗い部屋に、服や化粧品、アニメグッズが散乱していた。

ロフト付きの六畳ワンルーム。

たしかに量は膝下くらいで、僕らにとっては大したことはない。

「疑ってすみません」と心の中でヤマモトさんに謝った。

ごみとベッドだけ回収するという依頼内容で、散乱した物の中から弁当ごみやペットボトルなどの廃棄物をピックアップしていくというもの。

内容を確認しながら作業に取り掛かる。

服、コスメ、アニメグッズなどと段ボールに振り分け、残ったごみらしき物を回収していく。

だが、薄暗い。さすがに分別に支障が出そうなので、「電気をつけるか、カーテンを開けても大丈夫ですか」と住人に聞くと、「いや、あの、ごめんなさい」と断られた。女性のごみ屋敷ではたまにこういうことがある。やはり、男性作業員にじっくり見られたくないのだろう。

このパターンの時は、高確率で出てくる物がある。大人のおもちゃだ。コレが出てくる可能性がグンと上がる。たぶんあるなぁと思いながら作業していると、案の定発見。

いまだに、コレを見つけた時の正解の反応がわからない。今回はごみ以外は残す依頼なので、こっそり要る物の段ボールに忍ばせることができた。だが、要る・要らないを住人としっかり振り分ける時には困るのだ。

見慣れていますよと言わんばかりに「コレどうします?」とストレートに聞いても、住人がどう感じるだろうと考え始めると悩ましくなる。住人からすると、「要る」と言えば「あ、まだ使うんだ」と作業員に思われるんじゃないかとか、逆にそういう羞恥心的なものを喜ぶ性癖だと作業員に勘ぐられてしまうかもと考えることもあり得る。逆に、「要らない」と言っても「恥ずかしくて、捨てるって言ったんだろうな」と作業員に思われるんじゃないかとか考えることもあり得る。そういうふうにいろんな可能性を考えて、こちらもかなり敏感になってしまう。……変な意味じゃなく。

薄暗い中、そんなことを心配しながら悶々としていると（だから、変な意味じゃなく、ね）、ロフトから猫が降りてきた。所々、毛が抜けている。そこまでごみはないとはいえ、やはり猫には衛生的に良くないのだろう。

かわいそうだなと思いながら作業を続けていると、ヤマモトさんが「これどうしますか？　使ってます？」と住人に聞いた。

手には大人のおもちゃ。

（オイ、イイカゲンニシロ）

デリカシーがないのにも程がある。僕の心が機械のように冷たくなった。

「あっ！　ごめんなさい！」と伸びたスウェットの袖で顔を覆い、バッとおもちゃを取り上げた。薄暗くてはっきりとは見えないが、住人の顔が真っ赤になっているのがその後の無言の時間で感じ取れた。

会社の名誉のためにもう一度言いたい。

この人だけが変なのだ。他の社員はみんな、血が通っている。

「うちの社員がごめんなさい」と心の中で土下座した。

そして分別は、「無事」終わった。

何千匹もの謎の虫

最後に残るのは、ベッドを運び出す任務。

まずはマットレスを玄関の外へ移動させる。ベッド本体の木枠は、大きいままだと玄関から出せないので、薄暗い中で解体をする。

その時に気づいた。木枠に物凄い数の虫が蠢《うごめ》いている。

「うわ!!」と僕は声をあげてしまった。

薄暗くて確認できないが、「ゴキブリの子どもじゃないか！　最悪だ！」と、ゴキブリ嫌いの僕は心の中で怒り狂っていた。

解体を社員・ヤマモトさんに任せて、解体されたパーツを僕が外に運び出す。

玄関を出ると太陽の光を浴びて虫の全貌が明らかになる。

「ゴキブリじゃない」

ホッとした。でも気持ち悪さは相当だ。五ミリ程度の茶色く丸い虫が何千匹いるんだというくらい、ベッドの木枠にびっしり。集合体が苦手な人は失神してしまうのではないか。

ゴム手袋の上にゴム軍手もはめて、絶対に身体にくっつかないようにへっぴり腰で、マットレスの置いてある玄関先の広い所まで運び出す。その後、解体の終わったヤマモトさんと地下から地上まで木枠を運び上げ、トラックに積み込む。

へっぴり腰の僕とは違い、ヤマモトさんは木枠を身体に思い切りくっつけながら素手で運んでいる。この時初めて、「何も気にならない人ってうらやましいな」と思った。

一度では運びきれなかったので再び下に降りる。改めて木枠を見ても、やはり気持ち悪い。古民家の柱にわいたおびただしい数のシロアリを想像してほしい。

「やっぱり気持ち悪すぎる……」と触るのを躊躇しているとヤマモトさんも降りて来た。

「なんで運んでないの？」

「……ちょっとこれ、異常じゃないですか？」

「何年やってんの？　虫ぐらいで」

ヤマモトさんはあきれたように言い捨て、またもや木枠を身体にグッとくっつけ素手でトラックに運んで行った。

この虫を見慣れているんだろうか。

この時僕は清掃を始めて五年目で、そこそこの軒数のごみ屋敷を見てきたつもりだったが、こんな虫を見たのは初めてだった。その虫をスマホで撮影してへっぴり腰で運んだ。

これで、作業はすべて終了。実質地下一階というだまし討ちはあったものの、確かに作業量としては楽な現場であった。

叫び走り回る作業員

社員・ヤマモトさんが精算をしている間に、先ほど写真に撮った虫を「Ｇｏｏｇｌｅレンズ」で調べてみた。Ｇｏｏｇｌｅが導き出した虫の名前を見ても、当時の僕はピンとこなかった。名前を聞いたことはあったが、どんな虫かはよく知らないな……という感じ。

精算を終えて戻ってきたヤマモトさんにスマホを見せる。

「さっきの虫、これらしいですよ」

画面を見た途端、ヤマモトさんが、「うそだろぉ！！！　まじ!?!?!?」と騒ぎ出した。着ていたシャツを脱ぎ、ガードレールに叩きつけ、ズボンも手で青タンになるんじゃないかというくらい叩きまくっている。履いていた靴下も捨て、手を洗う場所を探している。

「最悪だよー!!」と暴れ回っている。

彼がここまで取り乱す姿は見たことがない。意外すぎる。なんだこの反応は……。ゴキブリを素手で掴んで投げる人だぞ？　ごみ屋敷に防護服なしで入っていく人だぞ？　作業中に手を切って血がだらだら出てるのに、そのままトラック乗ってハンドル血まみれにする人だぞ？

数々の記憶が僕の恐怖心を煽った。

デリカシーを捨てたこの人がここまで必死になるなんて……。

僕も気持ち悪いとは思っていたが、臆することなく素手で触る社員の冷静な姿に、「たかが虫だもんな」と心のどこかで自分を安心させていたところもあった。が、「うわぁーー！」と叫びながら手を上げて走り回っているドタバタ系のアメリカアニメ化した社員を見て、僕も危機感を覚え始め、シャツを脱ぎ靴下も捨ててズボンを叩いた。

「そんなに危ない虫なんですか？」

「虫の中で一番ヤバイヤツだよ！」

僕が社員の中で一番ヤバイと思っていた人から教えられた。

調べた結果はトコジラミ。別名「ナンキンムシ（南京虫）」だ。最近はまた、日本で被害が増加しているそうだ。殺虫剤は成虫には効くが卵には効かず、熱や乾燥でしか駆除できないらしい。繁殖力が非常に強く、一度住み着いて対応が遅れてしまうと駆除が難しくなるそうだ。刺されると、夜も眠れない痒さに襲われるらしい。

幸い僕は刺されもせずに、一年たった今も家では南京虫を見ていないので、持ち帰っていなかったようだ。

ヤマモトさんにも聞いたが、「南京虫？　いないんじゃない？　知らなーい」と気の抜けたいつもの返事が返ってきた。ちなみにヤマモトさんは、この南京虫騒動の翌日も、別のごみ屋敷現場で素手で作業していた。人って変わらないんだなと妙に感心した。

毛が抜けていた猫ちゃんは、「痒いの、いるよ」と僕らに教えてくれていたのだ。毎日搔きむしっていたのだろうか。

薄暗いまま作業させていた住人も、南京虫のことを知っていたのではないかと疑念を持った。

楽な現場はどうやらない。

女性のごみ屋敷を片づけていると
よく大人のおもちゃが出てくる。
稀にごみの下でスイッチが入り、
ごみ山が小刻みに震えていることがある。
今日はごみ山の上で、
誰もが知る男性アイドルの
アクリルスタンドも震えていた。

あるごみ屋敷で⑩

8

思い出いっぱい物屋敷

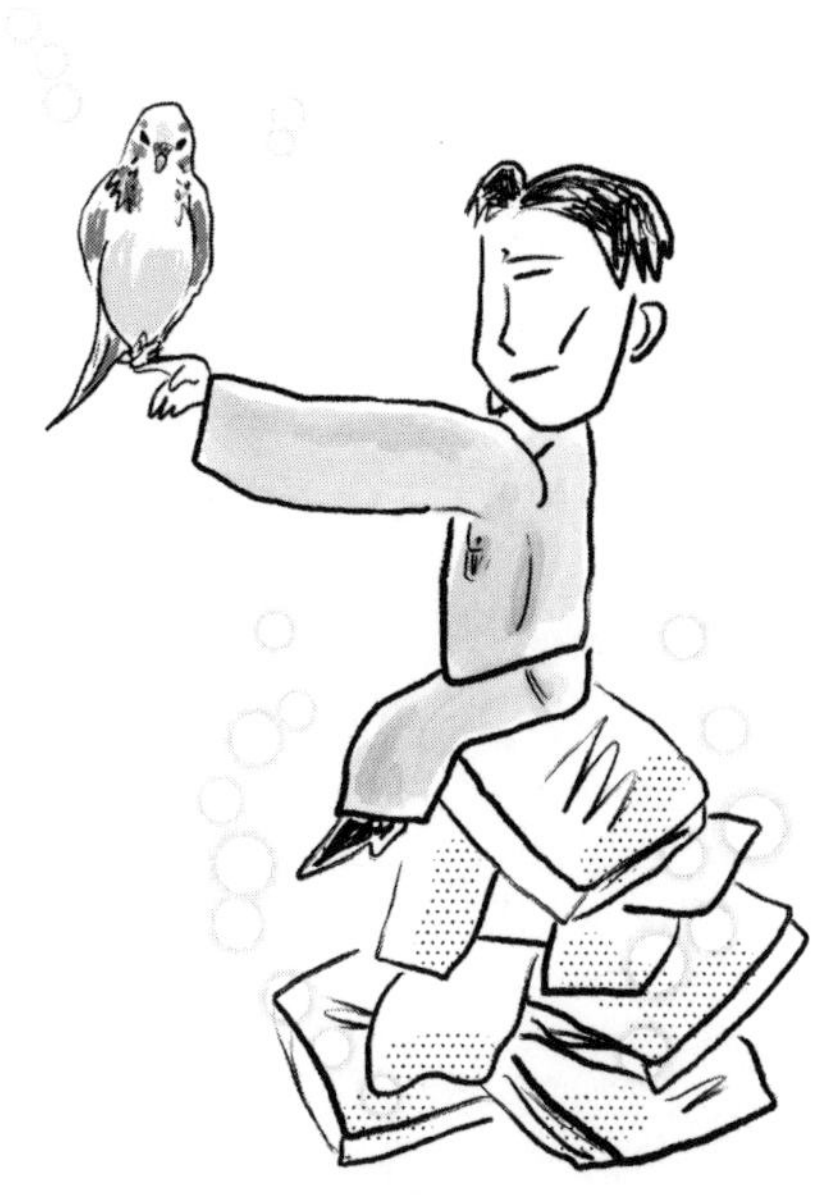

今まで書いてきたごみ屋敷とは少し毛色が違うのがこの「物屋敷」だ。

例えば弁当がら屋敷はほとんどがごみなのに対し、物屋敷は文字通りほとんどが「物」だ。とにかく物で溢れている。

どちらかと言うと生前整理、遺品整理に近いのが物屋敷なのだ。

見た目はごみ屋敷ではないので、住人も家族も「どうにかしなきゃ」という意識は低い。ここまで読むと自分の実家がそうかも……と思い当たる方もいるだろう。

この物屋敷も二つに分けられる。「本当にごみではない、物が溢れるおウチ」と「ごみをごみではないと言い張るおウチ」だ。

後者は後ほどお伝えするとして、今回は前者の物屋敷のお話をしたい。


現場は関東の2LDKの団地。

団地は物屋敷が多い。居住年数と部屋の平米数が合っていないからだ。五十年、六十年住む家としては手狭だ。

今回の仕事は、団地建て替えに伴う仮住居への移動のため、要る・要らないを判断しながらの物の整理と引っ越し。

インターホンを押すと、扉から出てきたのは七十代後半くらいの女性。ずっと笑って生きて来た人らしい皺が目尻に刻まれた、腰の低い女性だった。

　女性の背後には、大量の靴の箱が百八十センチの僕の身長をしのぐほど積み重なっている。世界一のタワー、ドバイのブルジュ・ハリファを想像してほしい。ニューバランスの箱が絶妙なバランスで積み上がっている。それを見て、全員グッと気を引き締めた。

　この物屋敷は、社員と僕ともう一人、手塚ジャスティスという芸名の後輩芸人の三人で作業をする。要る・要らないの振り分けを行う物屋敷では、作業スペースが狭いため、まずは少人数で作業することが多い。

　ちなみにここは六日現場だ。見積もりの段階で、物の整理から引っ越しまでに六日間必要だと判断されたということ。それほどの物の量なのだ。

　本日は初日。

　まずは、住人の女性に自己紹介をして作業を始める。

「柴田です。よろしくお願いします！」

「柴田さんね。下のお名前は？」

「賢佑です」

「賢佑さんね。よろしくお願いします」

　しゃべり方がとても柔らかく品のある方だなという印象を受けた。

そして手塚も自己紹介。

「手塚ジャスティスです。よろしくお願いします！」

「ジャスティスさんね。よろしくお願いします」

僕が「手塚ジャスティスは芸名なんですよ。僕たちお笑い芸人やってるんです」と説明すると、「すごいですねぇ。手塚さんの下のお名前は？」と聞かれ、「トモヒサです。すみません！　わかりにくくして」と、芸人らしからぬわかりにくい自己紹介だったものの、穏やかなスタートとなった。

要る？　要らない？　謎の相談相手

まず、要る物を溜めるためのスペース作りから始まる。玄関を入ってすぐ右の六畳の部屋を整理して、そこに物を溜めることにした。部屋は書斎になっており、本が足の踏み場もないくらいに積み上がっていた。

まず最初に、本の要る・要らないを始める。

「ここねぇ、元々父親の部屋だったんですよ」

話によると、依頼者が二十五歳の時に両親と一緒に団地に引っ越して来たが、まもなく母親が亡くなった。弟もいるが、進学のため地方で一人暮らしをして就職したという。依頼者の女性は父親と二人暮らしを続けていたが、父親が認知症を患ってしまい介護しながら住んでいたそうだ。

書棚や机は埃をかぶり時が止まっているが、床に積み上がっている本は真新しい。

「ここの本は私の物なので、好きな作家さんの本だけ残しておけば後は要りません」

要る・要らないがはっきりしていたので、作業自体は早かった。とはいえ、その好きな作家の本が八割を占めていた。とりあえず、要る物として段ボールに詰めて重ねておく。

次に、父親の書斎の分別作業。書棚や机には、本や書類がぎっしり詰まっていた。

物屋敷では、依頼者本人以外の家族の所有物を捨てられないことが多い。「父親の物はねぇ」とやはり難色を示していたが、おもむろにリビングの方に行き、誰かと何やらしゃべっている。

誰かいるのかな、と思っているとリビングの方から、「そうだよね、そうだよねぇ」としゃべりながら戻ってきた。

「全部要りません！」

決断が早い。何があったかは聞けなかったが、作業的には物凄く助かった。初日の部屋はスムーズに完了した。

「今日はここまでになります。お疲れ様でした」と帰ろうとすると、「ちょっと待ってね」と言って心づけを頂いた。さらに深々と頭を下げられ、「本当にありがとうございました」と僕らを見送ってくれた。

帰りのトラックの中で、なんて行き届いた人なんだろうとしみじみ思いながら、最後までしっかり作業しようと誓った。

判断できない「物」

二日目。この日は玄関と廊下、そしてリビングの隣にある和室を整理する。今日の進み具合次第で、六日間で終わるかどうかが決まる大事な日だ。少し緊張していた。

インターホンを押し「おはようございます！」と扉を開けると、依頼者はまた深々と頭を下げて、「柴田さんとトモヒサさん、今日もよろしくお願いいたします」と名前を呼びかけ、丁寧なご挨拶。僕らの緊張がほぐれていく。

まずは、玄関から始める。「靴は今履いている靴以外は要りません」とまたもやきっぱり判断された。こんなにスムーズに行くなら六日間で終わるな！　と確信しながら作業を進めていると、「トモヒサさん、お笑い芸人っておっしゃっていたけど、どういうことをやっているの？」と問われた。

「漫才とかコントとかバイトとかやってます」

「どんな漫才やってるの？」

「えーと、身体を大きく使った漫才をやってます」

手塚がやっているネタを正確に言葉にすると、「手作りの大腸を相方のお腹から引っ張り出して叫びながら大縄跳びするんです」となるが、正直に言えるわけがない。

「頑張ってくださいね」と依頼者はニコッと笑った。

玄関と廊下がすんなり終わり、これはもしかしたら六日間どころか五日間で終わるかもしれないなと思いながら和室へ。

和室は寝室になっていて、高さ二メートルほどの婚礼ダンスが二竿と、パンパンに詰まった押し入れがある。

婚礼ダンスの前にあった小さなカラーボックスから手をつける。アルバムが入っていたので一つ手渡すと、「うわぁ懐かしい！」と僕らが芸人と聞いた時より遥かに楽しそうな様子になった。

「これ、私が二十二歳の時、入社式の写真！」「これ弟よ」「あ、お父さん若い！」と思い出を一枚一枚語ってくれて、この日の終了時間を迎えてしまった。

この方は写真か。

実は物屋敷では、それぞれ時間のかかる「物」が異なる。以前片づけたところでは「母親の物」や「海外土産」など、依頼者によって様々だ。ここをどう解決するかでスケジュール通り終わるかどうかが決まる。

もし作業期間が一日延びれば、その分料金も上がってしまうので極力避けなければ。そう思いながら帰ろうとしていると、この日もまた依頼者は僕たちにお心づけを手渡そうとした。予定している作業日程が六日もあるので「さすがに毎回は頂けません」と、これ以上は頂かない約束をした。

「お気遣いありがとう」と言われた。こちらこそだ。

終わらないアルバム

三日目。

昨日の続きから始めようとしていると、「トモヒサさん、お笑い芸人のホームページ見ましたよ。柴田さんも、トモヒサさんのプロフィールってご覧になったの？」とニコニコしながら手塚に言った。

「ありがとうございます！」と手塚は喜んでいたが、僕はプロフィールを検索できたのなら、ネタ動画まで辿り着く可能性は高い……と不安になっていた。手作りの大腸を相方のお腹から引き出してそれを犬に扮する手塚の首に巻いて散歩するというネタもネットに上がっている。手塚には申し訳ないが、この品の良い依頼者に見せたくない。せめて、この作業が終わるまでは何とか避けたい。

ところで、僕も芸人であるということはすっかり忘れている模様だった。

諸々不安になりながら引き続きアルバムを見ていると、やはり一枚一枚思い出を話してくれる。これでは間違いなく終わらない。

アルバムを一旦避けて、パンパンの押し入れへ。この押し入れにどれくらい時間がかかるかが見積もり時では肝とされていた。

昔の団地の押し入れは壁一面が収納となっていて上段下段、天袋と三段構成になっている。奥行きは一メートルくらいの深さ。大容量だ。

押し入れを開けると、上段は桐箱に入った食器や古い扇風機、贈答品らしきシーツや毛布などが山積みになっている。そして下段は古い段ボールがぎっしり。

まず上段から取り掛かる。「全部使えるんだよねぇ、勿体ないよねぇ」とかなり悩んでいるので「リユースできますよ！　押し入れにずっと入れているより毛布も喜ぶかもですね」とリユースを提案。「そうね、じゃあお願い！」と嬉しそうにリユースに回してくれた。

物屋敷では贈答品が必ず出てくる。食器などもセットになっていて「いつか使えるだろう」と、箱ごと積み上げていることが多い。誰かからもらった物は、大抵行き場を失ってしまう。しかしリユースできるとわかれば手放してくれる人が大多数なので、リユース戦法が有効だった。

やっと下段に取り掛かれる。古い段ボールを引っ張り出して一つ開けると、またもや、これでもかというほどアルバムが詰まっていた。他の段ボールもすべてアルバムだった。

手塚と顔を見合わせた。

これは、まずい。

依頼者はアルバムを一冊取り出し「ここにあったんだ！　これ、私が子どもの頃のアルバム」。

「かわいーですね」と相槌をうちながら、どうするか考えているとインターホンが鳴って、依頼者の弟さん夫妻がやって来た。「見て見て！　あなたも写ってるのよ」と弟さんと一緒にアルバムを見始めてしまった。

そして急に思い出したのか、弟さんに紹介していただいた。「こちらお片づけの柴田さん。そしてこちらがお笑い芸人の手塚トモヒサさん」。僕はお笑い芸人ではなくお片づけの人になっていた。

気になるものの、再びアルバム問題へ。この量のアルバムを一枚一枚見ていたら、一カ月以上かかる。思い切ってアルバムをすべて持っていって、引っ越し先でゆっくり見るのはどうかと提案した。すると、「それが良いわね」と言っていただけた。引っ越し先は今よりも広いので大丈夫と踏んでの大胆な提案だったが、これを飲んでもらえたのは、作業としてはかなりありがたい。

この日は目標だったキッチンの整理まで辿りつけなかったが、アルバム問題を何とか解決できてほっと息をついた。

大量のビニール袋inビニール袋

四日目。

朝行くと、すでに弟さん夫妻も来ていた。手塚を見るなり「動画見ましたよ」。まずい……。手塚の動画が見られた。内臓系芸人だってことがバレた。

依頼者も見たらしく、こっちに寄ってきて「トモヒサさん」と話し出す。

息を呑む手塚と僕。

「とても面白かったです」

……ウケた。意外にもウケたらしい。

「ありがとうございます。嬉しいです！」と手塚も喜んでいた。

僕の要らぬ心配だったのだ。

「あんなこと続けるのは大変でしょうけど、負けずに頑張ってくださいね」と手塚を激励した。

「あんなこと」と「負けずに」が気になったが安心した。

それはさておき、まずはキッチンから入る。

キッチンにも収納が多い。流しの上と下に、収納がズラーと続いている。ここでも物屋敷でよく見る光景が。

大量にストックされた鍋だ。取手のない鍋、同じ大きさの鍋、様々な鍋が収納されていた。今使っている鍋だけピックアップして、他はリユースに回すことになった。

引き出しにも、大量のフォーク、スプーン、ナイフが入っている。三人で住んでいた時のままだという。これも使う二セットだけ持っていくことにした。調味料も使う分だけ持っていく。

ある物を除いては順調に進んでいた。

それは、右下の収納棚に入っていた大量のコンビニビニール袋。

ビニール袋にビニール袋を綺麗に収納したビニール袋inビニール袋が三十袋くらい出て来たのだが、依頼者はすごく悩んでいる。「どうしよう。使うのよね」と頭を横にして悩んでいる。

僕らは見守るしかない。すると依頼者は不意にリビングに移動し、「ビニール袋要るかな？　要らない？」とタンスとタンスの間に話しかけている。

キッチンからは死角になっていて見えないが、「これ初日にもあったな」と思い覗き込んでみると、そこにはインコがいた。

「要らないよね？」と依頼者が問いかけると、「ピョロピヨ」と小声で返す。依頼者は戻ってくると、「要りません！」とまたもやバッサリ判断された。

なるほど。

自分で「要らないかもな」と思いながらも踏ん切りがつかない物を、インコに「要らないよね？」と言うことで捨てる決断をしていたのだ。本当にインコが判断しているかもしれないが、真実はわからない。だが、とても良い方法だと思う。

自分に言い聞かせるという鏡のような手法なので、最終判断をあおぐのは、自分の信頼のおける人や動物、ぬいぐるみなど何でも良いと思う。

インコのおかげもあってキッチンは無事終了。

次に取り掛かったリビングには、洋服や今読んでいる本、今使っている雑貨などが所狭しと置かれている。分別したいとのことで、一つひとつ悩んでいたが、ほぼすべて要る物ボックスに入れていた。

ちなみに、リビングのキャビネットにはインコのおもちゃがたくさん入っていた。これもすべて持っていくのだろうと思っていたら「これ要らないね？」とインコに聞いて「ピョロピヨ」とインコが返し、要らないボックスにおもちゃの一つを入れた。そこから怒涛の「要らないね？」が続き、気づけばほとんど要らないボックスに入っていた。

前述のとおり、インコの「ピョロピヨ」が本当に要らないという意味なのかはわかりかねるが、インコのおもちゃの分別の早さには驚いた。

再燃するアルバム問題

五日目。

スケジュールとしては、残ったリビングの細かい物とベランダ、ベランダの物置、水回りの分別を終わらせ明日に迫った引っ越しの準備をする予定。

お部屋に伺うと、今日もまたすでに来ていた弟さんが「柴田さんも芸人さんだったんですね。事務所のホームページを見ました」と言って来た。

やっとわかってもらえた！

「ありがとうございます！」とお礼を言うも、「相方さん大きいですね。相方さんも同じ仕事してるんですか。何キロくらい体重あるんですか」と太った相方の話ばかりしてくる。自分の強い色をもっと持たなくちゃいけないと思った朝だった。

ベランダや水回りは分別がはっきりしており、すんなり終了。ずいぶん時間を短縮できた。

後は、引っ越し先に運び出せるように準備して終わりだが、何やら依頼者と弟さんが言い争っている。どうやらアルバムのことで揉めているようだ。弟さんは「昨日からアルバムばっかり見て進まないんでしょ。もうまとめて全部捨てよう！」と依頼者に言っている。

ここ五日間ニコニコしていた依頼者が、すごく悲しそうだ。

これはやらなきゃダメだなと僕はその顔を見て思った。

「できるだけアルバムも分けましょう！」と提案すると、依頼者がとても嬉しそうな顔をした。

手塚にアルバム分別を見てもらい、僕は別部屋の引っ越しの運び出しの準備をすることにした。リビングからは楽しそうな笑い声が。「トモヒサさんは優しいわねぇ」と弾んだ声も聞こえて来て、やっぱりやって良かったと思いながら段ボールに封をした。

分けられるだけ分けて満足したのか、残りのアルバムはすべて要らないということになった。

「では明日。最終日、頑張りましょう！」と部屋を後にした。

分厚いお心づけは…

ようやく迎えた六日目。最終日は、引っ越しと開梱で終了。残った不要品や残置物は別日に回収する。

引っ越し先はすぐ近くで移動時間は短いため、トラックでピストン輸送することに。「今日で最後です。よろしくお願いします！」と脱帽し挨拶すると「こちらこそ。最後だねぇ」と名残惜しそう。

まだ早いが、なんだかグッと来てしまった。

依頼者と弟さん夫妻とインコは先に引っ越し先に行ってもらった。

この日は人数を増やしての作業となり、最重要事項は「搬入先でインコを驚かせるような音はたてないようにする」となった。

一人分としては多い二トンロングトラック二台分の荷物を三時間かけて搬入。開梱作業も完了し、いよいよ最後のご挨拶。

「お疲れになったでしょうから、ゆっくり休んでください。ありがとうございました！」と声を掛ける。すると、依頼者が「ちょっと待ってくださいね」と言って奥に入り戻ってきて、お心づけを改めて一人ひとりに「ありがとうございました」と手渡してくれたのだ。

社員と僕も受け取った。「本当にお世話になりました。感謝、忘れません」と言われて、僕はウルっと来てしまった。

最後は、随分と気に入ってもらっていた手塚だ。

「トモヒサさん、なんだか明るくお引っ越しできました。ありがとう」

僕らとは違う封筒を手渡し、深々とお辞儀をしてドアを閉めた。

手塚だけ厚みも封筒の装飾も違っていた。

「こんなにもらっちゃっていいんですかね？　額が額なら返さなきゃいけないですよね？」と言う顔がホクホクしている。社員が「それだけ手塚さんがお客さんの気持ちを汲んであげられたってことですよ。手塚さんのお昼ご飯代にでもしてください」と、そのままもらっておけという意味を込めて言ったが、「でも皆さんと明らかに厚みが違いますよ。お昼代の次元じゃないですよ。悪いですよー」とわかりやすく嬉しそうな表情のまま封筒を開けた。

正直、厚さからいって十万円は余裕で超えていそうな予感がする。さすがに、十万円オーバーは依頼者にお返ししなければならないなとリアルなことを考えていると、手塚が急に「あ、あ、あ！　……こ、これ」と騒ぎ出した。

十万円どころじゃなかったか、いいなぁと思っていると、「未来へ向かって風が吹いている。あなたも私も。悲しいこともありましょう。嬉しいこともありましょう」と手塚が語り出した。

「急にどうした？」と全員が同時に聞いた。

「えっと、ポエムです！　この封筒の中は、全部ポエムです！　便せんだけでお金は入っていません！」

手塚の封筒にはお金は入っておらず、便せん五枚にも及ぶ、長文のポエムが綴られていた。

手塚以外は、頂いたお昼代の心づけをポケットにしまいながら、何事もなかったかのように帰路に着こうとする。

ポエムを読む手塚に社員が、「良かったですね」と今にも吹き出しそうな顔で言い、僕も「美味しいお昼食べような」とニヤつきながら言うと、「ポエム使えるお店お願いします」と、手塚はポエムをPayPayみたいに言って、嬉しそうに五枚の便せんをポケットにしまった。

高齢の女性が
亡くなった夫の写真に一瞥もくれず、
「箱ごと、要らないです」と言っていた。
「確認しますか」と聞くと、
「見たら捨てられなくなるから
そのまま持っていって。
毎日思い出してるから要らないし」と仰った。

あるごみ屋敷で⑪

壁にかかっていた
おかめの面の頭の上に、
物凄い量の埃が積もり
モヒカンのようになっていた。
にこやかな優しい世紀末を感じた。

あるごみ屋敷で⑫

なぜこんな所にこんな物が
ということがよくある。
冷蔵庫の卵を入れる穴に
電球が入っているのを見た時に、
「ピッタリなんだ」と感心した。

あるごみ屋敷で⑬

9

葛藤する腐乱現場屋敷

僕が勤める会社では、ごみ屋敷の片づけや遺品整理、生前整理にお引っ越しまで様々な業務を請け負っている。

その業務の中には、何度やってもまったく慣れない、いや慣れたくないものがある。

「腐乱現場」だ。

腐乱現場とは、部屋で一人で亡くなって、そのまま誰にも発見されずに長い間放置されていた現場のこと。

この作業だけは本当に、何度やっても抵抗がある。

遺体が発見される時期は、やはり夏場が多い。冬場は気温が低く、腐敗が進まないので発見されにくいが、夏場は腐敗のスピードが速く、異臭がすごいので発見にいたりやすいのだ。

この異臭というのが、何とも形容し難い。脳と身体が拒否しているのがわかる臭いと言ったらいいのか。腐った生ごみの臭いでももちろんないし、糞尿の臭さとも違う。僕が初めて腐乱現場に入った時の感覚でいうと、人間のDNAに「良くない」と刷り込まれているような臭いというか、本能的な不快感が身体を襲うものだ。

腐乱現場の片づけの依頼は、うちの会社の場合は不動産屋から来ることが多い。身寄りがない方で特に賃貸物件の場合、不動産屋が最終的な原状回復まで行うケースが多いからだ。

手順としては発見次第、警察、消防を呼んでご遺体を運び出してもらい、専門業者に部屋を消毒してもらう。その後、僕たちにお片づけの依頼が来るという流れ。

しかし、腐乱現場と言うと嫌がる回収業者も少なくないので、事実を隠して依頼してくるタチの悪い不動産会社も存在するのだ。

このパターンが一番ヤバイ。「ダマ腐乱」と僕は呼んでいる。

実際にあったダマ腐乱の話をしたい。

知らされないまま…

不動産屋から賃貸一軒家の残置物撤去（片づけていない部屋を空っぽにする）の依頼が来た。

見積もりは写真でとのことだったので、ざっくりと二トンロングトラック三台分くらいと見積もった。

何も知らされないまま乗り込んだ現場までのトラックで、社員が「今日はごみ屋敷〜」と言ったので、また当日サプライズごみ屋敷かと「勘弁してくださいよー！」とリアクションを入れると、「……ではありません！」と平成のクイズバラエティの手法を使ってきた。手を替え品を替え、僕らにサプライズを仕掛けてくる社員に感謝だ。とにかく、ごみ屋敷ではなく「普通」の一軒家丸ごと片づけだということがわかり安心していた。

現場には、別の社員が先に到着していた。

トラックの中から見ていても、身振り手振りで、その社員が怒り狂っているのがわかった。トラックから降り「どうしたんですか？」と聞くと、「先に現場を見てきたんですけど、まじで有り得ない。現場に行ってみてください！」と怒り暴れている。

現場は一軒家がコの字に五軒並んだ真ん中の家。言われた通りに現場に向かう。

現場まで十メートルくらいまで近づいた時、風に乗って僕の鼻に異臭が飛び込んで来た。五軒並んだ住宅地なので、まだどの家から臭っているかはわからない。だが、五メートル手前で、異臭は現場となるこの家から漂って来ていると確信めいてくる。

玄関の前まで来ると、ドアを開けずとも僕の頭の中で確定した。ここが「腐乱現場」だということが。

トラックに駆け戻り、「腐乱じゃないですか」とサプライズ好きの社員に言った。本当は知っていて、最悪なサプライズを僕に仕掛けて来たんじゃないだろうかと疑ったからだ。しかし、「不動産屋からは何も聞いてません」と怒りに満ちた目をして社員は答えた。本当に知らされていなかったようだ。

黙って腐乱現場を片づけさせる、「ダマ腐乱」だ。

これが一番頭に来る。

腐乱現場は、防護服に防塵マスク、長靴にゴム手袋など完全防備が必要になる。加えて、もっとしておかなければならない準備がある。心の準備だ。

腐乱現場は、心の準備を万全にしたとしても、作業が終わる頃には精神的疲労がとんでもなく残る。それなのに、黙ったまま当日やらせる不動産屋の気がしれない。

床が黒い海

装備を近くのホームセンターに買いに行き、全員ズーンと落ち込みながら防護服に着替える。そして、玄関に向かうにつれ強くなる腐乱臭を掻き分けるようにして玄関ドアの前に立つ。

すると、隣の家から住人の方が出て来た。

鼻を服の袖で覆いながら切実さをにじませて、「よろしくお願いします」と僕らに頭を下げた。関係のないお隣さんの悲痛な願い。その言葉に背中を押され、覚悟を決める。

預かった鍵でガチャリとドアを開けた。

「ダメダメ、入っちゃダメ！　すぐに離れて！　ここに居てはダメ‼」。ドアを開けた一瞬で、僕の脳と身体が僕に強く訴えかけてきた。

今振り返っても、そこは僕が経験した腐乱現場の中でも最も強い腐乱臭だった。

先ほど持ち直したはずのやる気が一気に削がれ、泣きたくなった。

中を覗くと、真っ黒な玄関に、真っ黒な廊下。床一面が、「黒」に埋め尽くされていた。

……蝿だ。

遺体にたかって増え続けた蝿が死んで、床を黒い海にしていた。

この光景を見て社員がキレた。

「ふざけんな！」

確かにすごい光景だが、すでに腐乱現場とわかっている今、そこまでキレることなのか？　と不思議がっていると、社員が「不動産屋、消毒すら入れてないぞコレ！」と続けた。

下をよく見ると、無数のバルサン。不動産屋が、警察と消防の後に本来入れるはずの消毒業者すらも入れずに、バルサンをたいただけで僕らの会社に依頼したらしい。消毒業者を入れていれば、腐乱臭は多少抑えられる。

どうりで、とんでもない臭いだったのだと納得した。とは言えこうなると、ご遺体のあった場所の清掃はされていないということになる。

ゾッとした。僕は初めての体験だったが、社員の面々は何度か経験していたらしい。

社員の一人が腐乱臭の強い方へ足を進めた。廊下を過ぎ、リビングの方へ入っていく。

まもなくして、「バイトの皆さんはこっちに入らないでください!!」と怒号にも似た指示が飛んできた。どうやら、リビングで亡くなっていたようだ。社員が全員、リビングに向かう。

「うわ!!」という声が聞こえる。

バイトに見せられる光景ではなかったのか、リビングは社員だけで清掃することになった。

生前の住人を感じるもの

まず指示されたのが、家の中にあるバスタオルと布団を持ってくること。洗面所で見つけたバスタオルと、二階でかきあつめた布団を、リビングに持っていった。渡す時に、ドアの隙間からリビングを覗いた。

フローリングの一部だけが黒く変色し、液体のような物でヌメっている。「そこか」と思うと、少し吐きそうになった。その日の終わりに聞いた話だが、床でヌメっていた液体は体液で、髪の毛がくっついた頭皮のような物も現場にあったらしい。社員たちがその液体を大量のバスタオルで拭き、布団で包み、何重にもしたごみ袋に入れ、庭に出す。僕はリビングから出てくるごみ袋を庭に運ぶだけだが、真夏なのに鳥肌が立っていた。

リビングは社員たちに任せ、僕はリビングとふすま一枚で仕切られた隣の和室の物を梱包することに。その社員たちはさすがにキツいのだろう、休憩をこまめに取りながら作業しているので、リビングに誰もいない時間ができる。

隣の和室で作業していると、どうしてもリビングが気になるのだ。隣で人が亡くなったんだよなと思うと、意識が隣の部屋に行ってしまう。

休憩から戻った社員がリビングで作業を再開すると、隣の部屋にいる僕は「あれ？　休憩中だよね。何か物音してる。え？」と、少しの物音で血の気が引く思いがする。

作業を進めていくと、亡くなった方の思い出の写真や未開封のDVD、更新したての免許証、まだ新しいテレビやレトロなラジカセまで出て来た。

住人は、六十代の男性。どうやら家電が好きだったらしく、雑誌『デジモノステーション』やテレビ番組『アメトーーク！』の「家電芸人」の回のDVDがあった。

腐乱臭と真夏の暑さの中で、この時はまだ死ぬなんて思っていなかったんだろうななどと考えていると、僕の頭がおかしくなってくる。

一旦外に出てトラックまで戻り、外気を身体に入れる。

他の社員もバイトも無言だ。不動産屋への怒りはピークを過ぎて、全員自分との戦いになっている。

誰も再開しようとは言わない。でも、再開しなければいけない。一人が立ち上がるのを皮切りに、無言で全員立ち上がる。

「あそこには戻りたくない」「やらないと終わらない」「もう嫌だ」「結局誰かがやらなきゃ」とバイト柴田賢佑と人間柴田賢佑の間で、感情が高速でピストン輸送されている。

やらなければならない。今までのごみ屋敷以上に自分を奮い立たせて、現場へ。

慣れることはない

現場に戻って臭いが鼻に届くと、免許証で見た顔が浮かぶようになっていた。

そこからは、住人の思い入れがあるだろう遺品が出てくる度に落ち込んでいた。

もう、隣のリビングの物音にビクつく薄っぺらい恐怖心は、同情にも似た感情に変わっていた。リユースできる家電もたくさん出たが、腐乱臭が強くリユース不可ということで処理した。

本来予定していた普通の一軒家なら四時間ほどで終わるはずのところを、八時間かけて終了。作業後に、普段温厚な社員が、初めて浮き出たであろう血管を額に浮かべ不動産屋に怒りの電話を入れていた。電話を切ると少しフラフついていた。

何度か消毒なしの腐乱現場を担当したという社員も「慣れないなぁ」と漏らしていた。

腐乱現場は、その後も幾度となく片づけたが、「慣れる」ことはない。

「慣れたら人間終わっちゃいそうだ」とか考えがちだが、僕は人間の本質として慣れることはないと思う。

回収物を積んだトラックは一週間ほど臭いが消えず、臭いを嗅ぐ度に免許証の顔が浮かんだ。

腐乱現場は、できればやりたくない。しかし、誰かがやらなければならない。人間として決して慣れたくない。しかし、現場が終わった後にこんなに落ち込むのならいっそ慣れてしまいたい。

でも、嫌だ。

いまだに僕は葛藤する。それが腐乱現場。

近隣住人の方々から
手厚い歓迎を受けた。
「うちの駐車場使っていいぞ」、
「暑いだろ？　アイス食べろ」など
差し入れまでいただいた。
早く片づけてほしいだけかもしれないが、
そういう周辺のサポーターに
僕たちは助けられている。

あるごみ屋敷で⑭

10

それはガラクタ？機材屋敷

ごみ屋敷は十人十色、本当に人それぞれだ。

これは、あまり遭遇しないレアケース。音楽が好きでオーディオ機器に囲まれて暮らしていた住人による、機材屋敷の話。


現場は、郊外のマンションの一室。

依頼者である住人は七十代後半くらいの白髪の男性。

引っ越しに伴い、必要な物は運び終わっているため、残っている物はすべて廃棄してほしいという依頼内容だ。

玄関を開けると、膝下くらいに積み上がったチラシや請求書などの紙ごみが目に入る。しかし、よく見るとごみの中にデジタルカメラやラジカセ、ウォークマンなどが紛れ込んでいた。これらは、すべてリユースできるので持って帰る。デジカメやウォークマンは、ジャンク品でも古物商が買い取りに来る市場やＹａｈｏｏ！オークション（ヤフオク）などで高値で取引されることがある。

見積もりの際に、社員が「オーディオ機材系は買取します」と住人に提案したが、「そちらの売上にしちゃってよ」と断られたらしい。

一応、床近くに埋まっていて目を通してなさそうな機材は、住人に確認をしながら作業を行う。すべて要らないと言っていたが、「こんなの出てきました」と聞きながら進めていった。

結局、玄関の物は全部不用品ということでほぼ持ち帰ることになった。

壁一面を埋めるオーディオ機器

次に、住人が「音楽部屋」と話す六畳の和室へ。そこには一面に積み上がったオーディオ機器。

圧巻だ。手作りのラックに、デッキとアンプやスピーカーが、それぞれＤＥＮＯＮやＯＮＫＹＯ、Ｒｏｌａｎｄ、ＴＡＮＮＯＹなどのメーカーに分けて積まれている。それに加えて、見たこともないミキサーや専用機器も積まれていて、壁一面がオーディオ機器で埋めつくされていた。押し入れにも使っていないであろう機材がギュウギュウに入っている。

これらをバケツリレー＆伝言ゲームの要領で、「リユース」と伝えながら、数人でトラックに積み込んで行く。

音楽部屋にあるほとんどのオーディオ機器は、ヤフオクか市場行きのリユース品専用のトラックに乗せる。その他のリユースできそうにない鉄や機材類は、「スクラップ」と伝えて廃棄用のトラックに積んでいく。

押し入れが空になりそうなタイミングで、奥からかなりの重さの鉄の塊（右下写真）が出て来た。

直径三十センチほどの、天ぷらを何百回も揚げたような真っ黒い鍋みたいな塊。実家の天ぷら鍋を想像してほしい。重さはおよそ十キロ強。

うちの会社にはリユース担当の社員がいるのだが、そのリユースリーダー・アライさんがそれを見て頭を抱えた。「スクラップですか？」と聞くと「いやぁ、どうでしょう。いやぁ……」と悩みに悩んでいた。

リユースリーダーはリユースするかどうかの決断を下すために悩んでいることが多いので「いやぁ……」が口癖だ。

スクラップだとしても、鉄として買い取ってくれる。この「実家の天ぷら鍋」はかなり重く、鉄で処理しても少しはお金になりそうだ。何よりリユースする時にはある程度綺麗にしなければならないので鉄で処理した方が楽だなと、僕自身は思っていた。

押し入れの奥から出て来たのは何度も焦げ付かせた鍋のように見える鉄の塊

「とりあえず保留で！」とアライさんは判断を後回しにした。

一旦、〝実家の天ぷら鍋〟は置いておき、他の作業をすることに。

音楽部屋の物も、ほぼリユースに回せた。

残りのリビングや、物置、ベランダ、水回りは分別が楽だったので、すぐに終えることができた。

締めに、やっと見えた床を掃き掃除して完全終了になるのだが、機材屋敷で厄介なのが「電池」だ。床一面に電池がゴロゴロ転がっている。電池は処理方法がごみと異なるので、他のごみと混ざらないように一個一個取り除かなければならない。

掃き掃除は、普段なら十分、十五分程度で終わるのだが、この日は一時間かかった。

そしてこれは、腰に来る。腰を曲げながら、なんとか完全に作業を終えた。

鉄・スクラップで二トンロングトラック一台、リユース物は二トンロングトラック一台に乗り切らず、約一・五台分になった。

機材の量が多かっただけにかなり時間もかかり、夕方になってしまった。

これから市場にリユース物を下ろしに行ってから会社に戻るとなると、仕事終わりの時間は十九時を回る。

朝から働いている皆がそれぞれ帰宅時間を思い、ため息をついている中で、最後に積み残した例の〝実家の天ぷら鍋〟を、アライさん自ら、リユーストラックと鉄スクラップトラックの間まで運び、「いやぁ……」と再び頭を抱えた。スマホを駆使して、〝実家の天ぷら鍋〟にわずかに残る数字などの情報から、該当するものはないか調べてはいるが、まったく踏ん切りがつかない様子。

その姿を見て、時間もなくピリついていた他の社員が、「鉄でいいよ。もう時間ないから」と、鉄のトラックに積んだ。

〝実家の天ぷら鍋〟はスクラップ？

マンションから出て、全員で市場にリユース物を下ろしていると、リユースリーダー・アライさんが「いやぁ……」と頭を抱えながらオーディオを掃除している。

器用だなぁと思いながら見ていると、アライさんが急にスタッと立ち上がり、トラックの荷台を開けて中に入っていこうとしている。もしや、あの〝実家の天ぷら鍋〟を取りに行こうとしているのか!?　それを見た他の社員たちが「もう荷台の前の方に投げたよ。取れないよ！」とリユースリーダーの目的を察して止めに入った。

パンパンに鉄やスクラップが詰まったトラックの中だ。鉄と鉄の隙間になんとか身体を押し込めて中に入ろうとしている。この時すでに十九時を回っていた。あの〝実家の天ぷら鍋〟を探し始めると、何時に帰れるのかわからない。

「もういいって、今日は終わりだよ！」と、社員がアライさんの服の袖を引っ張り荷台から下ろそうとする。

しかし、アライさんは社員の手を振り払って一言「いやぁ……」と言い放ち、ぐいぐい中へ進んで行く。

しょうがない。

諦めた他の社員も中に入って行き、全員で捜索した。積んだガスコンロや、電子レンジなどを少しずつ下ろしながら、真っ暗なトラックの荷台の中を前へ前へと進んで行く。折れた物干し竿にぶつかって血を流す社員が、「ふざけんなよ、もういいよ！」とキレ始めた。アライさんはそれが耳に入っていたはずだが、ほぼ無視という方法をとった。ケガをした社員が降りて来て、「こんだけやって売れなかったらマジで問題だよ」と僕らバイトに愚痴っていた。

仲間を敵にしながらも、信念なのか執着なのか探し続けるアライさんに、少し尊敬の念が芽生えつつも、反面、正直僕自身のイラつきも拭いきれない。

一時間後に他の社員が「あった！」と天ぷら鍋を見つけ、アライさんが「良かったぁ」と本日二度目のいやぁ以外の言葉を放った。

あとは、古物商が集まる市場で下ろすのか、ヤフオクに出品するのか。

市場で下ろすよりも、ヤフオクの方が直接欲しい人が入札するので売値は上がる。

アライさんが決断した。

「ヤフオクで！」

やっと片が付いたが、これを探していた一時間分、就業時間が丸々延びたことになる。

全員がため息をついた。

倉庫に下ろし終わったのが二十時半過ぎ。僕らバイト勢は時給制ではない。

社員、バイト全員がアライさんを睨みつけていた。

驚異の落札価格

翌日、ヤフオクに〝実家の天ぷら鍋〟を出品した。出品日数はこちらで指定できるので、五日間に設定。ここからリユースリーダー・アライさんの戦いが始まる。

初日、入札なし。

アライさん以外の社員は、「そら見たことか」という顔をしている。

アライさんは「いやぁ……」という顔をしている。


二日目、入札三件二千円。

社員が、逆に「まぁまぁ、気を落とすなよ」的なフォローをアライさんに見せる。

アライさんは「いやぁ………」と落ち込んだ様子。


三日目、入札二十八件十万五千円。

社員が、少し驚き出し「まぁ、それくらいのことはやったからなぁ」的な表情を浮かべる。

アライさんは「いやぁ？」みたいな期待混じりの雰囲気を纏い始める。


四日目、入札五十五件五十三万円。

社員たち、僕らバイト勢も「おおお！」と興奮し始める。

アライさんは「いやぁ！」とむしろ謙遜を帯びた、いやぁを発し始める。

五日目最終日、入札百三十件。

最終落札価格……二百三十万円。


にひゃくさんじゅうまんえん!!


アライさんが「いやぁ……」と目をまん丸にしながら言った。この「いやぁ」は驚くほど静かだった。

社員と僕らは、アライさんを無理矢理トラックから下ろし、これを鉄として溶かして二百円くらいになっていた世界線を想像して震えていた。

スタッフ一同、アライさんに頭を下げた。リユースリーダー・アライさんの執念が実った奇跡だった。あの天ぷら鍋もどきは「ウェスタン・エレクトリック」というアメリカのブランドのスピーカーの部品だったということが判明した。

依頼者に還元するため連絡をしたが、はじめ依頼者は「俺は今後の人生で使わない物を持っていってもらっただけなんだから、金なんて要らねえ」と仰ったらしい。ただ、さすがに額が額だけに、渡さないわけにはいかず、交渉の末、なんとか受け取ってもらえたようだ。依頼者は、「そいつには悪いことをした」と漏らしていたという。機材の本領を発揮できるだけの環境を用意できなかったということか。

今回はその物の価値より、自分が気に入ったかどうかを考えて不要としたようだ。「これは高かったんだよ」と他の依頼人はよく言うのだが、この方は何も言わずにこちらに任せていたのだ。

しっかり買取の提案をして来た僕らの対応に満足したのかわからないが、「君たちはいい仕事しているね」と言われたらしい。

お金には不自由せず、独り身で好きな物に囲まれて生きてきて幸せなのだろうか。引っ越し先には生涯を共にすると決めた、SONYの高級ラインのオーディオを持っていったという。

後日、購入者からは「人生が終わる前に、これを家に置きたいと思っていました。大事に使わせてもらいます」というメッセージが届いた。物の循環、巡り合わせは素晴らしいなと心を打たれた。

あるごみ屋敷で⑮

ごみ屋敷から出てきたうちわに
13万円の値がついたことがあった。
そのため、うちわを見つける度に、
それが「夏得キャンペーン」と書かれた
うちわであっても、
「やった！　ヤフオクだ！」と
大騒ぎするようになった。

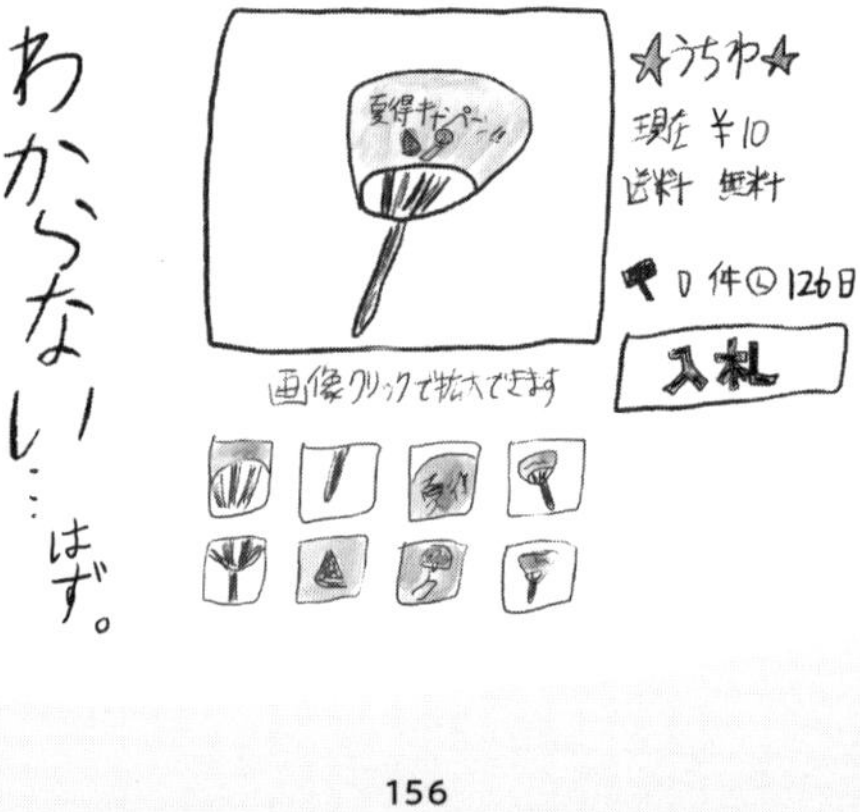

11

捨てないごみ屋敷

ごみ屋敷の片づけを依頼されたからと言って、依頼者の全員に「片づけたい」という意思がある訳ではない。

「ごみなんかない！　帰れ！」と言い張るごみ屋敷の住人も一定数存在する。

テレビ番組『噂の！東京マガジン』などで一度は目にしたことがあるのではないだろうか。この、ごみじゃないと言い張るごみ屋敷が一番厄介だ。

国も問題視している。いわゆる「ごみ屋敷条例」を作り、行政代執行で自治体が強制的に片づけまでできる仕組みを作った理由の一つが、このタイプだと思う。

これは、都内では有名な「噂の！東京マガジン屋敷」を片づけに行った時の話。

作業の数週間前、「柴田さん、泊まりとかいけますか」と社員に言われた。うちの社員はいつも前振りなしで唐突に尋ねてくる。

「あ、いけますよ」と返すと、「ここの日とここの日の二日間で静岡の方に行くんですよ」とニヤリと笑っている。「何も予定はないので大丈夫です」と僕が答えている間も、ニヤニヤしっぱなしで、「特に大変な現場ではないですから」と言う社員の顔はニヤけすぎて、おぼっちゃまくんみたいな顔になっていた。

「嘘だ」とすぐにわかるのが、うちの社員のいい所でもある。

アパートの敷地を埋めつくすごみ

迎えた初日。

作業としては、都内で荷物を積み込み静岡まで運ぶというほぼ配送メインの現場。配送がメインだと、ごみの回収はするが、肉体的にも精神的にもごみ屋敷よりは楽だ。僕はただの引っ越し案件だと思っていた。

現地に向かうトラックの中、「今日は何台分くらい配送するんですか」という僕の質問に、社員は「五台です」と言う。

二トンロングトラック五台⁉　四人家族の一般家庭の場合、どんなに荷物が多くてもだいたい二トンロングトラック二台あれば事足りるので、その倍以上⁉　とんだジョークをかまして来たなと思い、「またまたー、そんなわけないでしょー。どんな大豪邸なんですかー。ヒカキンの新居でもやるんですか⁉」と社員が喜ぶ長ツッコミを食らわせると、「いや、アパートです」とボケを連発してきた。

アパート⁉

「アパートで二トンロング五台分の配送物って。その部屋は四次元空間ですか！　あり得ないでしょ！　四次元空間なんだとしたら、そこ引っ越さない方がいいよ。そんな物件、滅多にないから！」と、再び長ツッコミをしていると現場に到着した。

現場を見てすぐに、四次元空間じゃなくてもトラック五台分になる可能性があると思い知らされた。

アパートの全体像が把握できないほどのごみの山がそこにはあった。

「そうか、ごみ屋敷か！」と口に出していた。

ごみ屋敷の可能性を考えず、あんな長ツッコミをしていた自分をぶっ叩いてやりたい。

木造二階建てのアパートがL字に二棟建っていて、築年数は六十年近く経っていそうだ。一棟に入るのは八世帯といったところか。階段の手すりは雨で劣化し途中で折れている。

L字の「L」の内側には二階まで到達するほどの正真正銘のごみの山が連なっている。

「ごみ連山荘」と勝手に名付けた。

担当の社員に説明を受けた。

この二棟のアパートの大家さんが今回の依頼者。この方どうやら、外からごみを持ってくるごみ輸入タイプで、何年もかけてこのごみ連山を作り上げたらしい。

ごみがごみを呼び、心ない人がここに勝手にごみを捨てていくこともあったのだとか。

その間に、アパートの店子も出て行き、収入も入らなくなったので売却を決めたという。

依頼者は静岡にも物件を持っているため、そこに引っ越すことになったという流れだ。

依頼者の大家さんは六十代後半くらいで、ロマンスグレーのロマンスを投げ捨ててきたような人だった。親が残してくれた遺産なのか、宝くじが当たったのか詳細はわからないが、少し強気な態度が気になった。

ごみ連山を指差して「これ全部、俺が集めたんだぞ」と誇っている。

何度か現場には来ていた担当の社員が、「とにかく『ごみではない』の一点張りなので、基本全部配送することになっています」と、衝撃の作業内容を話した。

外のごみ連山を見渡すと、大きい物でバイク二台に自転車、電子レンジ、メタルラック、カラーボックス、細かい物で一般廃棄物のごみ袋、衣装ケースにバケツなど本当に様々な物が雨ざらしで積み上がっている。

不安を覚え、「五台で足りますか」と社員に聞くと、「外の物は持っていきません」と返ってきて安心した。外のごみは他の業者が回収するらしい。しかし、外の物は持っていかないのに二トンロングトラック五台？　と気づいて再度震えあがった。

ゴキブリを梱包

配送物がある家の中へ入る。

膝上くらいにいろんな物が積み上がっていた。書類にパソコン機材、ペットボトルにブランド品のバッグや財布など、本当に見事なほどにオールジャンルのごみを取り揃えている。

「バランスの取れたいいごみ屋敷だ」などと余計なことを考えていると、社員が「やっぱりだ」とボヤいた。事前に大量の段ボールを社員が運び入れ、依頼者が梱包を終わらせている予定だったのだが、全然進んでいないのだ。

まあ、これはよくあることなので、全員覚悟と準備はできている。

ただ肝心の、搬入したはずの段ボールがない。依頼者に確認すると一部屋で使い切っていた。こうなると、追加で持ってきた段ボールとごみ袋を使って梱包するしかない。

全部持っていくと言うので、手当たり次第段ボールに詰めていくのだが、どう見てもごみなのだ。

一応、空のペットボトルや何かの液を吸ったテニスボールなどを手に、「すみません、これらはどうされますか」と依頼者に確認を取ったところ、「持っていきます」との返事。

大事な子どもの写真を見るような目で、液吸いテニスボールを見つめている。依頼者が「ごみなんか一つもないよ！」と続けた。

ここに住み続けるのであれば、説得して減らす方法を考えて進めていくところだが、転居を決めているのだから依頼者に従うまでだ。

そうとなれば、話は早い。ごみかどうかの判断を仰ぐことなく、手当たり次第段ボールに押し込んでいく。

段ボールはすぐに使い切り、透明なごみ袋に切り替えパンパンに詰めていくことになった。だが、ふとここで僕は、気づかなくてもいいことに気づいてしまった。

ごみ袋の口を閉める時に、中で何かが動いている。

ゴキブリだ。

クッキーの缶やペン立てなど、箱状の物の中にかなりの割合で存在してやがる。前にも書いたが、僕はミミズや蛾など他の虫は素手で触れるほど平気なのだが、ゴキブリだけはどうしてもダメなのだ。ゴキブリ沼にハマってしまい、格段にスピードが落ちる。

作業が完了したはずの段ボールからも、ヤツらは顔を覗かせ始めた。とりあえず、口を閉じずにゴキブリが出るのを待つことにする。

ふと頭の中に、「すみません、ゴキブリはどうされますか」という愚問が浮かんだ。

こんなことを考える暇があったら手を動かせ、と自分に言い聞かせて作業を再開する。

隣人からの激励

トラック五台分の梱包だ。分別が要らないので作業としてはいつもより早く進むものの、量が尋常でないから相当な時間がかかる。しかもゴキブリが出る度、「ヒャ！」と飛び上がるバイトがいるのだから尚更だ。

アパート二棟十六室分のごみ、いや荷物を、四時間かけてなんとか梱包し、全員で運び出す。

トラックが一台しか停められないので、一台ずつ配送物（ごみ）を積んでいく。

その最中、隣の一軒家の住人とお子さんが出て来て「本当に助かります。頑張ってください」と激励を受けた。お子さんは小学校低学年くらい。ごみを触る可能性がある年齢だ。親が心配するのも頷ける。子どもがいてこの環境は辛かっただろうなと思った。

普段の配送の場合は、トラックに積む際、荷台の中で段ボールが落ちたり物が壊れたりしないように、パンパンには積まないのだが、物量も多いので今回は依頼者の許可を得て、目一杯に高積みすることに。

一台目は段ボールで一杯になり、出来上がったトラックはそのまま静岡に向かった。

二台目を横づけして、運び出し再開。

段ボールゾーンが終わり、今度はごみ袋を運び出し、積んでいく。

ごみ袋でパンパンになったトラックの荷台の絵面は、引っ越し先じゃなくごみ処理場に向かうトラックのようだ。が、そんなことよりも、「全部のごみ袋の中で最低一匹はゴキブリ動いてるな」と恐怖に慄《おのの》いたことを書いておこう。
三、四台目も同様に積み込み、最後に大物家具や大型家電を積んで、二トンロングトラック五台分の積み込みは無事終了した。
静岡に向かうトラックの車内は明るかった。

窓を開け、ラジオを聴きながら、熱海のビーチを横目に海沿いを駆け抜けていく。頬をなでる夏の海風が気持ちいい。静岡に到着するとすぐさまホテルにチェックインして、近くの居酒屋で作業員全員揃ってお酒を飲みながら地の物をたらふく食べた。戻ったホテルでは、大浴場に入り卓球大会が始まる。全員自分が一番上手いと言い張り、終始笑い声が絶えることはなかった。

この間、ごみ屋敷の話は一度も出なかった。

突然隣にごみ屋敷が誕生したら…

次の日の朝。昨晩の余韻に浸りながら、搬入のためにトラックに向かう。

荷台の扉を開けた瞬間、その楽しかった思い出は脳からすべて消滅した。

ワサワサワサ！　と昨日確認した何倍もの、大量のゴキブリがごみ袋の中を暴れ回っている。それも全部のごみ袋で。

地獄絵図だ。これが現実だった。無言で閉じる社員。

みんなわかっていたのだ。だから、あえて明るく振る舞って少しでも現実から遠い所に行こうとしていたんだ。上手な心の保ち方だなと感心した。

搬入先は、三階建てのビル。一階がガラス張りの店舗物件で螺旋《らせん》階段で二階に上がる仕様になっていて、二階も店舗物件だった。

物はなく、空っぽの状態の所にどんどん運び込んでいく。

トラックをつけるため、運び始める前に隣近所に声掛けをする。

「トラックを停めさせていただきます。ご迷惑をおかけしますが、よろしくお願いします」

「お引っ越し？　暑いのに大変ね。頑張ってくださいね」

隣人の草間彌生系の格好をした、七十代と思われる女性にねぎらいの言葉をかけられた。お隣は敷地内に花壇があり綺麗にされている。静かに老後を送っているのだなぁと思った時、ハッとした。

隣にごみ屋敷が来るぞ⁉

ごみ屋敷のお隣になるなんて、頭の片隅にもないだろう。

転居は決まっているから、依頼者が持っていくと言った物を全部持っていけばそれでいい、と思っていた。依頼者のことばかり考えていたが、近隣住人からしたら隣が二時間弱でごみ屋敷になるなんて想像もしていないだろう。

一気に罪悪感がこみ上げる。「すみません」と深く一礼して搬入作業に戻った。

まずは、ガラス張りなのでガラス面に段ボールを積み上げる。中が極力見えないようにするためだ。そこから大物家具、ごみ袋の順でドンドン入れていく。

ごみ袋を運ぶ際に、受け渡しで破れてしまうことがある。そうなると最悪だ。ヤツが放たれてしまう。脱出しようとするゴキブリは、一匹も逃さず責任を持って処理をした。

二台目、三台目と作業を繰り返し、五台目の荷物、いやごみをすべて運び終えた時には、もう立派なごみ屋敷になっていた。

複雑だ。

ごみ屋敷の片づけをやっているのに、ごみ屋敷を別の場所に生み出してしまっている。まったく解決になっていない。昨日の近隣住人からは感謝されたが、ここでは恨まれるだろう。ここがごみ屋敷の真の闇なのだ。根本的な解決をしなければ、なんの解決にもならないのか。

近隣住人の方に「ありがとうございました」と声を掛けると、インターホン越しに「お疲れ様でした」との返事。まだ、隣にごみ屋敷が出現したことをわかっていないようだ。

僕たちは、この場を離れれば戻ってくることはない。インターホンを鳴らした時には、正直「出て来ないでくれ」と思ってしまった。しっかりお話をした方がいいのかもしれない。今以上にごみ屋敷になる可能性があることも伝えた方がいいのかもしれない。

しかし、言った所でごみ屋敷をなくすことはできない。

色々考えたが、深々と一礼だけして現場を後にした。

後日、静岡に移住した依頼者から「目薬の蓋がないんですけど」と連絡が来た。

あるごみ屋敷で⑯

リユース不可能なごみを積んでいた時に、
「これ捨てるの？　少しもらっちゃダメ？」
と、おそらく別のごみ屋敷の方が
ごみをねだりに来た。

ある屋敷で

友人の家が、物が多い家だったのでつい、
「この家を空っぽにするにはトラック○台と
人手が○人必要だな」「この食器は買取できないな」
「これはリユースだ」と、
頼まれてもいないのに
脳内で段取りをつけてしまった。
そんな自分が嫌だ。

12

再スタートの酒屋敷

特殊なごみ屋敷は結構ある。

物の割合で便宜的にジャンル分けをしているだけで、一目で「○○屋敷！」と断定できるごみ屋敷の方が少ない。

今回も、一見紙屋敷だと思っていたが、作業を開始するとまったく別のごみ屋敷だった。


現場は、東京二十三区内。

作業に入る朝、移動中のトラックで、「今日は紙屋敷です」と発表があった。紙屋敷は重さとの勝負になるので、現場までに立ち寄るコンビニで朝ごはん用にガッツリ牛丼でもいっちゃおうかなと思っていると、社員は、「たぶん」と言葉を加えた。

……怖い。いつも冗談で茶化してくる社員が「たぶん」だと？

「え？　たぶんってどういうことですか」

「本当にわからない」

自分が見積もりに行っていないので、詳細は知らないとのこと。社員同士でも、作業直前まで知らせない「現場ドッキリ」やってんの？　不思議な会社だ。

現場に着くとそこは団地。部屋は四階。地獄が決定した瞬間だった。

しかしおかしい。作業メンバーは三人しかいない。人数が明らかに少ない。四階の紙屋敷なら、「大変でしたねー！　明日も頑張ろー」と明るく終わらせるためには八人は絶対に必要。「いやー、やばかったっすね」で終わるには六人、「……」で終わるにしても四人は必要。さすがにそこまで無茶はさせないとわかっているが、不安になる。

三人で団地の四階2DKの紙屋敷を片づけるなんて、もうそれは、浜に打ち上げられた鯨を一人で海へ帰せと言われているようなもの。

一日でできるわけがない……。尻込みしていると見積もりをした社員が登場。

「ここは四日現場です」

どうやら引っ越しも兼ねていて、必要な物は配送し要らない物は回収するという作業内容らしい。

ということは、今日は要る・要らないをやる。

ということは、今日は重い紙を運び出さなくていい。

ということは、今日は階段の昇り降りをあまりしない。

鯨は、後日人数がいる時にみんなで沖に帰した方が絶対にいい！

やる気に満ちた「絶対四日で終わらせましょう！」の顔をしながら、心では「ラッキー‼」と叫んでいた。

段ボールの城と鯨

早速、インターホンを押す。

出て来たのは、鯨……、いや、ふくよかな男性だった。四十代後半くらいだろうか、眼鏡をかけ、汗だくのTシャツには「忍耐」と書いてある。

住人は何も言わずに、中に戻っていった。「失礼しまーす」と僕らも中へ入る。

まず目にしたのは、段ボールが積み重なってレゴブロックで作られたようになっている玄関と廊下だった。段ボールが左右の壁に沿って五段ずつ積み重なり、それが奥まで続いている。その上には綺麗に書類が積み上げられ、天井まで達していた。

左右の段ボールの壁の間は住人がギリギリ通れる狭さ。ふくよかな身体を真横にして、押し込むように進んでいく。

床はまったく見えない。もう積めなくなったのであろう書類が、段ボールの間の通路を膝下くらいまで埋め尽くしている。スパイ映画に出てくる、古城のアジトから外へ繋がる地下の脱出路みたいな場所を想像してほしい。

もうわかる。多量の書類が載っている段ボールの中身は、大体書類だと。この時僕は、ここはやはり紙屋敷だとすっかり思い込んでしまった。

今までの紙屋敷での経験が絶望を連れてくる。

ダイニングを覗くと、同じような光景が広がっている。段ボールで作られた、寝室への道。段ボールに囲まれた寝室。段ボール分を差し引くと、平米数は十六平米あるかどうかぐらいじゃないか。

「お願いします」と小さな声で、住人から静かな号令がかかった。

酒、酒、酒、酒

早速、玄関から手をつける。

住人は段ボール上の書類の分別を希望しているので、少しずつ下ろし判断してもらうのだが、この要る・要らないの分別が早い。必要な書類がハッキリしていたのだろう。書類は、明細書や請求書、あとはノートがドッサリと。ノートはすべて必要だということで、片っ端から要る物ボックスに入れていく。あっという間に、積み上がっていた書類を片づけ、段ボールに取り掛かる。

このスピードなら四日かからないぞと思った。しかしその後、予想外のことが起きる。

それは、一箱の段ボールから始まった。はじめは大したことはないと思っていた。段ボールに綺麗に収まった未開封のワインが六本出て来たのだ。

「持っていきます」、住人が言う。

やっぱり判断が早いなこの人と、次の段ボールを開けると、また未開封のお酒。

次も、また次も。ワインにウイスキー、リキュールに焼酎、ジンなどスピリッツ系と様々。オールジャンルのお酒が出て来た。

住人が「うーん」と悩んでいる。ついに、手が止まる。

社員の話によると、新居はこの団地よりも広くなるので、悩んでいる物は極力持っていけるらしい。

「持っていきますか」と声を掛けると、「はい」と今日一番の元気な声で答えてくれた。

持っていく段ボールに印を付けて、隅に寄せていく。何十回とそれを繰り返して、玄関と廊下がやっと終わり、ダイニングキッチンに到達した。

そこでも同じ要領だった。書類はあっという間に終わり、段ボールを開けるとまた酒。その後も酒、酒、酒、酒。酒が段ボールから出てくる。

この時、やっと僕は理解した。「ここは紙屋敷ではなく酒屋敷だ」と。このまますべて持っていくとなると、二トンロングトラック四台は必要だ。

今日は階段を昇り降りしての運搬がなかったとはいえ、後日の作業内容にゾッとしながら一日目を終え、帰路についた。

むき出しの注射針

作業二日目。

「おはようございまーす」と扉を開けると、「おけまる」と書いたTシャツを着た住人が出迎えてくれた。

今のところ、コミュニケーションがまったく取れていない。Tシャツの内容で、多少交流が図れていると思うことにした。そもそも、分別もスムーズに進められているので無理にコミュニケーションを取る必要はないのかもしれない。

住人とどう関わろうかと考えながら、昨日の続きのダイニングに取り掛かる。

段ボールの間の床に散らばっている物を片づけるのだが、玄関や廊下と違って、細かい物が膝上くらいまで積み上がっている。

空のペットボトルやパンの包装紙など、生活を感じるゾーンに入った。

すべて要らないとのことだったので、廃棄用に分別しながら掘っていくと、カラカラと音をたてるペットボトルが出て来た。

なんだ？　と中を見ると、注射針が入っている。認識できた瞬間、作業員全員に「針出ます！」と声を掛けた。

これは形状でわかる。インスリンの注射針だ。正直、かなり厄介だ。使用済みの注射針が刺さると、B型肝炎やC型肝炎、HIVなど血液経由の色々な感染症リスクが出てくるからだ。この注射針はペットボトルに入れてくれていたが、むき出しで落ちている場合が他のごみ屋敷では多々ある。

使用済みの注射針は医療系廃棄物になるので回収できない、まとめて新居に持っていくことになると住人に告げると、無言のまま「おけまる」とTシャツで答えてくれた。糖尿病治療用だと思われるが、何の治療に使っている注射針なのかなど、住人からの説明は一切なかった。

針が出るとなると、作業スピードが落ちる。

予感は的中し、むき出しの針が何本か出て来た。「怖ぇ」と思いながら恐る恐るごみを掘って針を取り除き、作業を進める。膝上まで積み上がっていた物はなんとか終了した。

次に、通路を築いていた段ボールへ取り掛かる。

ダイニングの段ボール箱は百二十サイズのものでおよそ八十個。四方の壁から真ん中の通路にかけて何列にも渡って積まれていた。学園祭で作った「お化け屋敷」を想像してもらいたい。今回は幸か不幸か「おさけ屋敷」だったが。……なーんて思いながら開けてみると、またもや「未開封の酒」。その後も酒、酒、酒、酒、酒。

「持っていきます」と住人。完全なる酒屋敷。

ここでふと、疑問が生まれた。

「糖尿病じゃないのか？」

そう、糖尿病を患っていると思われるが、酒をすべて持っていくと仰っている。糖尿病患者にお酒っていいんだっけ？　いやいや、そもそもこの量のお酒、健康な人でもダメでしょ！

僕の頭はパニックになっているが、手元は淡々と必要な物に印をつけていく。お酒のコレクターなのだろうと思いこむことにした。

ただ、もう一つ気になることがある。住人との距離が縮まらないこと。この二日間で「持っていきます」「要りません」しか聞いていないのだ。

しかし、引っ越し先の部屋も広いので、手放す説得をする必要もなく必要最低限の会話だけで十分ではある。

コミュニケーションを取らない住人は一定数存在する。全処分のごみ屋敷では、むしろ住人が立ち会わない場合の方が多い。ただ、コミュニケーションが取れれば、お互い楽しく作業ができそうだなと思っていた。お酒の話なら、僕は昔バーで働いていてお酒も好きだから話題に事欠かないし……、と。だが、壁は分厚い。

縮まる心の距離

三日目。

インターホンを押し、今日のTシャツはなんだろうと期待しながら待っていると、ガチャっとドアが開き住人が迎えてくれた。

Tシャツは……ピョン吉だ！

ど根性ガエルのピョン吉。恰幅が良いので、横に伸びたピョン吉の目が胸とお腹の間にめり込んでいる。ジーっと見入ってしまった。一拍置いてから、「よろしくお願いします！」と中に入った。

この日は、最終日の配送に向けて、梱包をしっかり終わらせることが最優先。僕以外のバイトは梱包をひたすら行う。

僕は引き続き、要る・要らないを住人と一緒にやっていく。

ダイニングにある残りの酒の段ボールを片づけ、寝室の和室に取り掛かる。押し入れ前は段ボールが天井まで積み上がっていて、ベッドの上で生活しているようだ。枕元にはテレビが置いてあり、その横にはＤＶＤが散らばっていた。

どうやら海外サッカーがお好きなようで、サッカーのＤＶＤがたくさん積み重なっていた。サッカーを観ながらお酒を楽しんでいたのだろうか。これはいいヒントをもらったなと思い、「サッカーがお好きなんですか」と聞いてみた。

すると、屈んでこっちにお尻を向けていた住人がすごい勢いで立ち上がり、こちらを振り返った。勢いのおかげかＴシャツが伸び、この日初めてピョン吉と目が合った。

そして「好きです」と、今までで一番大きい声を聞いた。

おっ！　と、僕は心の中で声をあげた。

もうワンターンくらい行けそうな間はあったが、残念なことに僕にはサッカーの知識が全然ない。「どこのチームが好きなんですか」「どの選手が好きなんですか」などの当たり障りのない質問が浮かんで来るも、聞いたところで「そうなんですねぇ」しか返せない……。住人は、その熱量の違いで逆に距離を感じてしまうかもしれない。

悩んだ結果、深掘りはせず笑みだけ返して作業に戻る。

住人とは元通り、「持っていきます」「要りません」だけのコミュニケーションに戻ってしまったが、少しは心が通じ合えたような気がした。

この部屋の物はほぼ持っていくとのことになり、搬出用に梱包をする。

この日は、住人が引っ越し直前まで使用する物以外はすべて梱包することができた。

「それでは、明日は最終日で大変だと思いますが、よろしくお願いします」と声を掛けると、「お願いします」と返す表情は、少し口角が上がっていたと思う。再び目がなくなったピョン吉にも別れを告げた。

「捨てます」

いよいよ最終日。この日は、新居へ運ぶ荷物の配送をして残った物を回収。七人体制で行う。

玄関前に到着し、最後のTシャツお披露目タイムを待つ。

玄関から出てきた住人は、イタリアの名門サッカーチーム「ACミラン」のサッカージャージを着て、首には浦和レッズのタオルを巻いている……、赤い。たぶん、気合いが入っている。

前日に、「明日は大変」と伝えたからか、「サッカーがお好きなんですか」と言った僕に合わせてくれたのかはわからないが、やる気十分のようだ。「では、始めましょう」と言うと、「お願いします！」と初めて住人の言葉にビックリマークが付いた。

配送物を運び出し、トラックに積んでいく。酒瓶が多くほぼワレモノなので、丁寧に運ぶ。

団地の四階はやはり手強い。すごしやすい秋の作業だったが、七人いても全員の汗が弾け飛ぶ。室内では、住人が最後まで使っていた物を自分で梱包しているのだが、彼も汗が噴き出している。

配送物の運び出しがすべて終わり、結果的に物も家具も半分以上減らせてはいたので、二トンロングトラック二台分に収まった。一台はお酒でいっぱいだった。

住人と搬入先に移動し、今度は荷物を入れていく。

引っ越し先は新築でオシャレなアパート。リビングが広めの2LDK。広さは以前の1・5倍くらいだろうか。

どこに何を置くか聞きながら大物家具や家電をどんどん中へ運ぶ。

「ベッドの向きはどうしますか」

「うーん、どっちがいいと思います？」

初めて「クエスチョン」が出た！　なんか、嬉しい。会話してる！　と勝手にホカホカした。

「陽当たり考えたらこっちですかね」と返すと、「じゃあそっちでお願いします」との回答に従ってベッドを設置。

次にテレビの設置。以前の寝室を考えると、ベッドの近くと予想できたが、一応「テレビはどこに置きますか」と聞いた。「どうしようかな。どこがいいです？」。二個目のクエスチョンマークを頂いた！

以前のような配置だと狭いゾーンで完結してしまい寝室の他のスペースが荒れていくので、せめてテレビだけでもベッドの反対側に置いて、「部屋」として一部屋を使ってほしいなという思いはあった。

「こっちの、ベッドの反対側でどうですか」

「いいですね。部屋っぽいですね」

ここに来て、コミュニケーションがしっかり取れてきた！　このままいけば、前の酒屋敷では作れなかった、生活しやすい環境が実現できるのではないか。一人で意気込みながら大物を運び入れ、細かい物も部屋に入れて最後に残るのは、酒の段ボール。

するとと住人から、リビングにすべてのお酒を入れてくれと指示があった。

リビングは広いといっても十畳ほどのスペースしかない。寝室とは別にもう一部屋スペースが余っているので、そこと分散させた方がいい。

「リビングが埋まってしまうので、もう一つの部屋に入れた方が生活しやすいと思いますよ」。しかし、今度は頑なに「リビングに入れてください」とのこと。

仕方なく、どんどん段ボールを積み上げる。あっという間に、リビングはお酒の山に。広くなったとはいえ、以前の家のような通路スペースすらなく、これでは暮らせないだろう。

ダメか。

コミュニケーションが取れたからといって、すべてうまくいくわけではない。やはり、酒屋敷になってしまった原因の「酒」を前にしては、僕らもこれ以上口を挟めない。言われた通りにお酒の段ボールをすべて積み上げた。

すると、汗だくでフーフー息をあげている住人が段ボールの山を見上げながら、「やりますす」と言った。

「一人で全部開梱するんですか。大変でしょうけど、頑張ってください」

開梱までは依頼内容に入っていない。薄情なようだが、そう言うしかなかった。

「いや、捨てます。お酒を半分くらいまで減らします」

社員と顔を見合わせる。

「実は僕、糖尿病でお酒の量が制限されているんです。でもお酒が大好きだから、飲めないのにどうしても買っちゃうんですよ。それでどんどん溜まっていって……。だけど、整理しようって思いました」と、最後の最後に打ち明けてくれた。

段ボールの数は百個近い。

五十個まで減らしても、リビングは半分段ボールに埋まるだろう。でも、住人の「やり直したい」という気持ちが伝わってくる。

その気持ちだけで十分じゃないかと、野暮なツッコミは飲み込んだ。

「頑張ってください」と心から応援の言葉をかけて、全日程が終了した。

最後は本当のＡＣミランの選手みたいに格好よかった。

おわりに

ごみ屋敷を片づけて、問題は解決しているのか。

確実に答えはノーだろう。ごみや物を片づけて、部屋が物理的に綺麗になっただけだ。

現にリピーターはいる。

「すんません。またやっちゃいました！」と、同じ業者に頼んでくる住人は明るい性格の方が多い。お金を頂いている以上仕事として片づけるが、徒労感は否めない。心の底で「またごみ屋敷になるんじゃないかな。意味あるのかな」と、一介のバイトには必要のないことを堂々巡りで考えてしまった時期もあった。

だがある時、そんな迷いを打ち消すような現場に出会った。僕には忘れられない現場だ。

それは引っ越しの依頼だった。

話を聞くと、以前ごみ屋敷の片づけを受注した女性からだった。

以前の依頼はごみ屋敷の片づけと引っ越し。ネットショッピング系の段ボールなどのごみが腰高まで積み上がっていて、かろうじてベッドの上だけが生活スペースというごみ屋敷だった。片づけて必要な物を引っ越し先に搬入し、女性はリスタートをしていた。あれから二年。再び引っ越すようだが、引っ越し専門業者に頼まないで、うちの会社に頼むあたり、「またやらかしてしまったのか」と僕は思った。

現場に向かう車中、僕は不安がぬぐえない。社員は見積もりに行っているので、どれくらいのごみの量かはわかっているはずなのだが、例の通りのサプライズ好きだ。教えてくれる訳もなく現場に到着し、ドアを開けた。

目を疑った。

部屋が綺麗だった。

ごみもしっかりと分別し、床にフロアワイパーをかけていた。ごみ屋敷ではフロアワイパーが何本出てこようが肝心の床が全く見えないというのが通例だが、フローリングがしっかりと見える。僕たちが片づけをした時から、部屋を綺麗に維持していたのだ。

湧き上がる嬉しい気持ちをぐっとこらえて、荷物をトラックに積み込む。元ごみ屋敷だったことを思わせる、黒ずんだ痕跡が裏側についたカラーボックスを持ち上げ、運んでいく。

通常の引っ越し業務で荷物も多くないので、あっという間に作業は終了。あとは移動するだけとなった時だ。女性に「ありがとうございます」と声を掛けられたので、「いいえいえ！　新居に移動しましょう」と返した。

すると女性は、震えるような声で「私、頑張れていますか」と問いかけてきた。泣きそうになった。

同時に「やって良かった。意味はあったんだ」と心から思えた瞬間だった。「はい」と答えた僕の声はなぜか女性よりも震えていた。

この経験は、僕にとても大きい影響を与えている。

「ごみ屋敷を片づけることは意味がある」と確信しながら、働けるようになった。

ごみ屋敷になる原因として、精神的な要因や精神疾患など様々なことが取り沙汰されている。しかし、完全な僕個人の見解で、しかもまだ自分の中でも細胞分裂中の意見だが、ごみ屋敷になるには何かしらの「きっかけ」があることが多い。例えば、離婚、リストラ、死別など、人によって様々だ。

先ほど話した女性がごみ屋敷にしたきっかけはわからないが、僕ら業者が入っての片づけと引っ越しが逆に改善する「きっかけ」となってごみ屋敷を克服した。ごみ屋敷は再発しなかった。

ごみ屋敷になる原因がきっかけだった場合、解決するのにもきっかけが必要かもしれない。自分はごみ屋敷にしちゃうような状態なんだと気づくことができて、「今の自分」

を変えるきっかけがあれば精神面も落ち着いてくるのかもしれない。

もちろん、ごみ屋敷の原因が簡単なものではないということは知っている。

でも、生活を立て直すきっかけを待っている人がいるとしたら、どうしたら、それを作ることができるのか。僕の発信が誰かのきっかけになってくれたら本望だ。僕を荒れた生活から救うきっかけとなったごみ屋敷清掃と嫁のように。

つらつらと書いたが、精神科医でもなければメンタルトレーナーでもなく、ただのごみ屋敷清掃のバイトの僕が、なぜこんなにもごみ屋敷について語るのか。発端は、お笑いコンビ・マシンガンズの滝沢秀一さんだ。滝沢さんは、ごみに特化した「ごみで食べている芸人」だ。

その滝沢さんからある日、「おーい、ごみ屋敷のことを話してくれよ！」とあの五十CCスクーターの排気音のような声で言われた。

その時から僕は、「ごみ屋敷のことを発信できるのか」と意識が変わった。

ごみ屋敷のことを常に考える毎日。ごみ屋敷のことを思い出す毎日。

それが楽しかった。

滝沢さんが呼んでくれたトークイベントで初めて作ったパワーポイントを使って必死に話した。すると、色々な方から「面白かった」「すごいですね」とお褒めを頂いた。この十五年の間、お笑いライブに出演しても「面白い」とストレートに言われたことがなく「私は良かったと思います」と皆さんに個人的感想に落とし込ませてしまっている僕には、十分すぎる言葉だった。

こういった経緯でこの本を書くことができている。色々な人に感謝し、「第二の滝沢」を狙っている。まだまだ勉強しなくてはならない。

ごみ屋敷をこの世からなくすためには、何が必要か。天井まで積み上がったごみ屋敷にも、くるぶしくらいの時代はあった。どうしたら、その時に気づくことができるのか。人間の闇、社会の闇と言われているが、住人は闇の中にいるので気づいてはいない。正直、なくなることはないかもしれない。イタチごっこになるだけかもしれない。

それでも僕には夢がある。

「世界中のごみ屋敷をなくしたい」

芸人で売れたいんじゃないんかい！　と言わないでくださいね。

それでは、また。

ごみ屋敷ワンダーランド

清掃員が出会ったワケあり住人たち

2024年7月5日初版第一刷発行

著者	柴田賢佑
発行人	森下幹人
発行所	株式会社白夜書房 〒171-0033 東京都豊島区高田3-10-12 03-5292-7751（営業部） 03-6311-7210（編集部）
装丁	小川恵子（瀬戸内デザイン）
イラスト	菅幸子
校正	佐藤鈴木
本文DTP＆製版	株式会社公栄社
印刷・製本	大日本印刷株式会社
編集協力	『クロスワードランド』編集部
編集	菅沼加奈恵

ISBN978-4-86494-511-0

柴田賢佑（しばた・けんすけ）

1985年北海道生まれ。7歳からアイスホッケーを始め活躍するも、20歳で芸人を目指し上京。2007年に柳沢太郎とお笑いコンビ「六六三六（ろくろくさんじゅうろく）」を結成。2016年より、芸人活動のかたわら、生前整理、遺品整理、ごみ屋敷の片づけなどを行う会社に勤務。2024年に新会社「お片付けブラザーズ」を設立し、関東を中心に、片づけの手伝いやリユースサポート、発信などを行っている。

※本書は、著者が体験した事実に基づき構成していますが、住人のプライバシーを考慮して、一部の設定などに若干の変更を加えています。